無職・資金ゼロのアラフォーの僕でも
月収100万円を実現した!

常識破りの「空き家不動産」投資術

村上祐章
Murakami Yusho

ビジネス社

物件をもたずに家賃収入を得る！究極の不動産投資……プロローグ

◎「空き家不動産投資」は常識破りのまったく新しい投資スタイル！

本書を手にとっていただきありがとうございます。

この本を手にとられた多くの人たちが、タイトルを見て興味をもたれたのではないでしょうか？　今、みなさんの頭のなかは、

「空き家不動産投資!?　聞いたことないなぁ」

「空き家に投資するの!?　一体どういうこと？」

といった疑問がわいていると思います。

それもそのはず。僕が実践する**「空き家不動産投資」**は、まだ世に知れ渡っていないからです。

従来の不動産投資とはまったく異なるため、みなさん、そんなやり方があることに気がついていないというのが現状かもしれません。

カッコ良くいえば、不動産投資界の〝ブルーオーシャン〟。競争相手のいない未開拓市場に切り込み、誰もが成功をつかめる不動産投資術――。それが「空き家不動産投資」なのです。

◎不動産投資のいちばんの魅力は何といっても「家賃収入」

不動産投資というと、アパートやマンションに投資するやり方が一般的です。1棟物にするか、区分所有にするか、また新築物件にするか、中古物件にするかといった選択肢もあります。いずれにしても、物件を購入して「家賃収入」を得られることは変わりません。

毎月、定期的に家賃収入が入ってきたら日々の生活の不安はなくなり、将来の年金不安も解消されます。

またサラリーマン大家の場合、給料以外の収入源をもつことにより経済的自由を手に入れ、セミリタイヤやアーリーリタイヤを実現する道も開けます。

このように「家賃収入」は不動産投資のいちばんの魅力であり、人気の理由といえるでしょう。

◎一般的に不動産投資はまとまった資金が必要となる

では、不動産投資をやりたいと思ったとき、誰もがその願いを叶えられるのでしょうか？

残念ながら答えは「ノー」です。なぜなら、目の前に多くの壁が立ちはだかり、行く手を阻《はば》まれてしまうからです。

もっとも大きな壁は、**お金の壁**です。物件を購入するには、ある程度の自己資金が必要になります。

都内の中古ワンルームマンションの格安物件であっても、500万円や600万円はゆうにかかります。

不動産投資では、金融機関の融資を活用するのがふつうです。アパート1棟ともなると価格は数千万円します。2割や3割の頭金を求められたら、必要な自己資金はかなりの額になります。

また、年収が高かったり金融資産をもっているなど、それなりの属性でなければ融資を引き出すこともできません。

結局のところ、「不動産投資はお金持ちしかできない」との考えにいたり、大半の人はあきらめざるをえないのです。

ただし、完全に道がふさがれてしまっているわけではありません。たとえば、手元に十分な資金がないなら、ボロ物件を購入するのもひとつの方法です。地方であれば、100万円以下の格安で買えるケースも珍しくないでしょう。

実際、格安のボロ物件に狙いを定め、出費を抑えるために自らの手でリフォームを行って賃貸経営をする不動産投資家もいます。

要は、ちょっと視点を変えることで道は開けるのです。

◎「空き家不動産投資」にまとまった資金は必要なし！

僕の場合は〝空き家〟に目をつけて第一歩を踏み出し、実践経験を積み重ねながら「空き家不動産投資」術を確立しました。

空き家不動産投資は、自己資金をほとんど必要としません。金融機関で融資を受け

る必要もないため、属性も問われません。

ですから、お金のないサラリーマンはもちろん、非正規社員やフリーター、また主婦でも取り組めます。

特別な能力や専門知識も必要なし。そして何より、**〝物件を購入せずに家賃収入を得られる〟**のが大きなポイントです。

「物件を買わないのに、なぜ家賃収入を得られるの？」

と、ここで大きな疑問が生じるでしょう。でも、現実にそれが可能なのです。

「空き家不動産投資」は、従来の不動産投資の常識を根底から覆す、まったく新しい不動産投資スタイルと認識してください。

◎投資家はもちろん、オーナーも入居者も地域住民も、みんなハッピー

本書では、「空き家不動産投資」のノウハウを詳しく紹介します。

早く知りたい人のためにごく簡単に説明すると、**「空き家を再生させ、人に貸して家賃収入を得る」**というのが核となるモデルとなります。

空き家はオーナー所有のまま再生します。そして、生き返った空き家と入居者をつ

なげる役割を担い、家賃収入を得るというものです。

現在、誰も住まない空き家が全国に山のようにあります。地方だけでなく、東京や大阪などの都市部にも空き家は多数存在します。

直近の総務省の調査によると、**全国の空き家率は10％以上。住宅全体の10軒に1軒以上が空き家**という驚きの数値です。

空き家の数は年々増加しています。その背景には人口減少や核家族化などがあり、住む人がいないという現状があります。

空き家の増加は、今や社会問題となっています。ニュースなどでもよく取り上げられるため知っている人も多いでしょう。


空き家不動産投資も、一般的な不動産投資も、家賃収入を得られるのは同じです。しかし、空き家不動産投資のモデルはそれだけにとどまりません。

空き家の処分に困るオーナーの悩みを解決し、再生させた空き家に入居者が住むことで、その街に活気を取り戻すことができます。

結果、オーナーや物件地域で暮らす人たちはハッピーになります。つまり、**社会貢**

献にもつながるのです。

もちろん、僕も毎月家賃収入が入ってきてハッピーですけどね。

◎大学卒業後は定職につかずフリーター同然の生活

僕がどんな経緯で空き家不動産投資を始めるようになったのか自己紹介をかねて、これまでの歩みをここでお話しましょう。

僕は京都出身。今も京都に住んでいます。

関西の大学を卒業後、みんなが進路を決めて会社員として第一歩を踏み出す中、僕はそうはしませんでした。選んだのは就職せずに自力で生きる道です。

理由は、雇われて働く生き方が嫌だったのと、大学時代に便利屋的なちょっとしたビジネスを行っていたので、自分で何か商売をやれば食っていけるだろうという安易な考えがあったからです。

でも、現実はそう甘くはありませんでした。フリーターと変わらない生活を送りながら自分でビジネスを考えては実行し、失敗や成功を何度も経験しました。

株式投資にハマったこともあり、一時期は相場の波に乗って大きく稼げました。しかしラッキーはそう長くは続かず、結局は儲けの大半を失うハメになりました。

◎京都の街を歩いていて「空き家不動産投資」を思いつく

時は流れ、僕もいつしか30代に突入。ブラブラする生活にもそろそろ見切りをつけなければいけない年齢です。

そう思い始めた矢先、突然転機が訪れました。ビジネスを立ち上げる友人から、チラシをポスティングしてほしいと頼まれ、京都の街を歩きながら一軒一軒チラシを投函していたときのことです。

「京都は空き家が多いなあ。これを有効活用できないものかなあ」

とふと思いました。そして、

「空き家を人に貸せば、ビジネスになるのでは……?」

と閃《ひらめ》いたのです。

これが、僕が「空き家不動産投資」を始めようと思いついたきっかけ、まさに原点です。2007年頃のことです。

◎「空き家不動産投資家」は日本で自分ただひとり？

空き家不動産投資の開始時点は「お金なし」「不動産投資の知識なし」「特別な能力なし」と、まさにないないづくしのゼロからのスタートで、思うようにいかず苦労したこともしょっちゅうでした。

でも、それにめげず経験を積み重ね、スタイルを確立してからは家賃収入が順調に増えていきました。

そんななか、「空き家不動産投資をやっている人はほかにもいるのかなあ」と考えるようになりました。僕は自分のスタイルを特別だと感じていなかったので、ほかにもやっている人がいるだろうと思ったのです。

しかし、インターネットで検索してあれこれ調べた限りでは、該当する不動産投資家はひとりも見当たりませんでした。

「ならば、このオリジナルの方法をみんなに伝えよう！」

とブログを立ち上げ、「廃墟不動産投資家」のハンドルネームで情報発信をスタートさせました。2013年1月のことです。

ブログを通じて僕の空き家不動産投資に関心を寄せ、実際に空き家不動産投資家としてデビューを果たした人も出てきています。

僕は、これまで約70軒の空き家を再生させてきました。現在の家賃収入は手取りで月約100万円です。

再生を手がけた空き家は京都市内が中心ですが、大阪や兵庫、岐阜などにもその範囲を広げています。

資金力に乏しい弱者の味方である「空き家不動産投資」。フリーター同然だった僕でもできたのですから、みなさんもきっと成功するはずです！

無職・資金ゼロのアラフォーの僕でも
月収100万円を実現した！

常識破りの「空き家不動産」投資術

››› Contents

プロローグ

物件をもたずに家賃収入を得る！究極の不動産投資

第1章 「空き家不動産投資」って何だろう？

第2章 空き家探しのコツとオーナーとの交渉術

第3章 「空き家オーナー」&「入居者」との契約の仕方

第4章

これで万全！「空き家」リフォーム術

第5章 入居者募集の方法と管理について

エピローグ

思い切って一歩を踏み出せば、世界が変わる！

第1章

「空き家不動産投資」って何だろう？

お金、知識、能力いらずの空き家不動産投資

不動産投資は、1棟物のアパート・マンションや区分所有のワンルームマンションを購入してはじめてスタートを切れます。物件を購入できるかどうかが最大の難問であり、明暗を分けます。

これは、不動産投資を少しでも知っている人なら当たり前のこととして認識しているでしょう。

融資を活用するにせよ、手持ちの資金を使うにせよ、物件を購入できなければ何も始まらないというのがみなさんの頭にあると思います。

でも、それは一般的な不動産投資に限った話です。というのも、**そもそも「空き家不動産投資」は物件を購入しません。**常識の範囲外にあるのです。

物件を購入する必要がなく、したがってローンを組む必要もありません。**お金をほとんどかけずに家賃収入を得られる**のが空き家不動産投資のキモになります。

以下、その仕組みを説明しましょう。

◎物件を購入せずに家賃収入を得るその仕組みとは？

まず、空き家になっている物件を探します。そして、物件を見つけたら空き家のオーナーを調べて会いに行き、

「物件の再生と人に貸すお手伝いをさせてください！」

と話します。空き家を使わせてほしいと交渉するわけです。

オーナーとの交渉では、空き家の使用許可をとり、月にいくら支払えば借りることができるかを決めます。

交渉成立後は、自らの手で空き家のリフォームを行います。といっても、大がかりな作業はしません。日曜大工レベルの作業と、ゴミを片付けたりキレイに掃除をするぐらいです（詳しくは第4章参照）。

空き家物件の多くは建物や内部が古びています。でもこうするだけで、人が住める状態に息を吹き返すのです。僕の経験上、**かかる費用は最大で10万円程度。**もっと少

なくてすむケースもたくさんあります。

リフォームの作業と同時に入居者の募集も行います。そして、空き家物件を再生させた後、オーナーと僕、僕と入居者で「賃貸借契約」を交わします（なお、オーナーとは「転貸許可」を踏まえた契約を結びます。詳しくは第3章参照）。


で、家賃収入に関しては、オーナーと僕の取り決めに従って分け合います。基本は折半で、半分が僕の実入りとなります。ただし、ほとんどリフォームが必要ない場合はオーナーの取り分が多くなるなど例外もあります（オーナーとの家賃の配分については76、108ページ参照）。


いかがですか？　物件を購入せずに家賃収入を得る仕組みが、おわかりになったと思います。

ちなみにいうと、不動産を「仲介」する場合は宅建士（宅地建物取引士）の資格が必要です。しかし僕のこのやり方は、オーナーと入居者それぞれと契約を結ぶため、仲介には当たりません。このため資格は不要です。

これについては、弁護士の先生にも「問題なし！」と太鼓判を押されました。

「空き家不動産投資」の特徴

1. 「空き家」を再生して人に貸し出す
2. 物件をもたずに家賃収入が得られる！
3. まとまった資金は必要なし！
4. かかる費用は最大で10万円程度
5. 宅地建物取引士の資格も必要なし
6. 日本は空き家が急増し、全国どこででもできる
7. 利回り100%は当たり前！
8. 常識破りのノーリスク！（空室リスク、流動性リスク、災害リスクなどの心配が皆無）
9. 社会貢献にもなる！

やる気と根性さえあれば、誰でも成功できる！

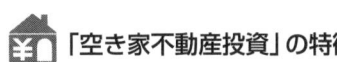

全国に空き家が急増中！

プロローグでも述べたように、現在、全国的に空き家が増え続けています。

総務省が5年ごとに実施している「住宅・土地統計調査」によると、２０１３年の全国の空き家数は８０２万戸に達し、過去最高を記録しました。

住宅全体に占める空き家率も13・５％と過去最高となり、７～８軒のうち１軒が空き家という状況を示しています。これは地方に限らず、都市部のとくに郊外などでも増え続けています。

これだけ空き家があふれているなら、**空き家不動産投資の物件探しに困ることはない**はずです。

みなさんも自分の住んでいる地域などを見回れば、空き家を見つけることはたやすいでしょう。

また、現段階では「空き家不動産投資家」がほとんどいないのもチャンスです。ライバル不在のなかで、需要がありそうな空き家を先んじて見つけて家賃収入を積み上

総住宅数、空き家数および空き家率の推移

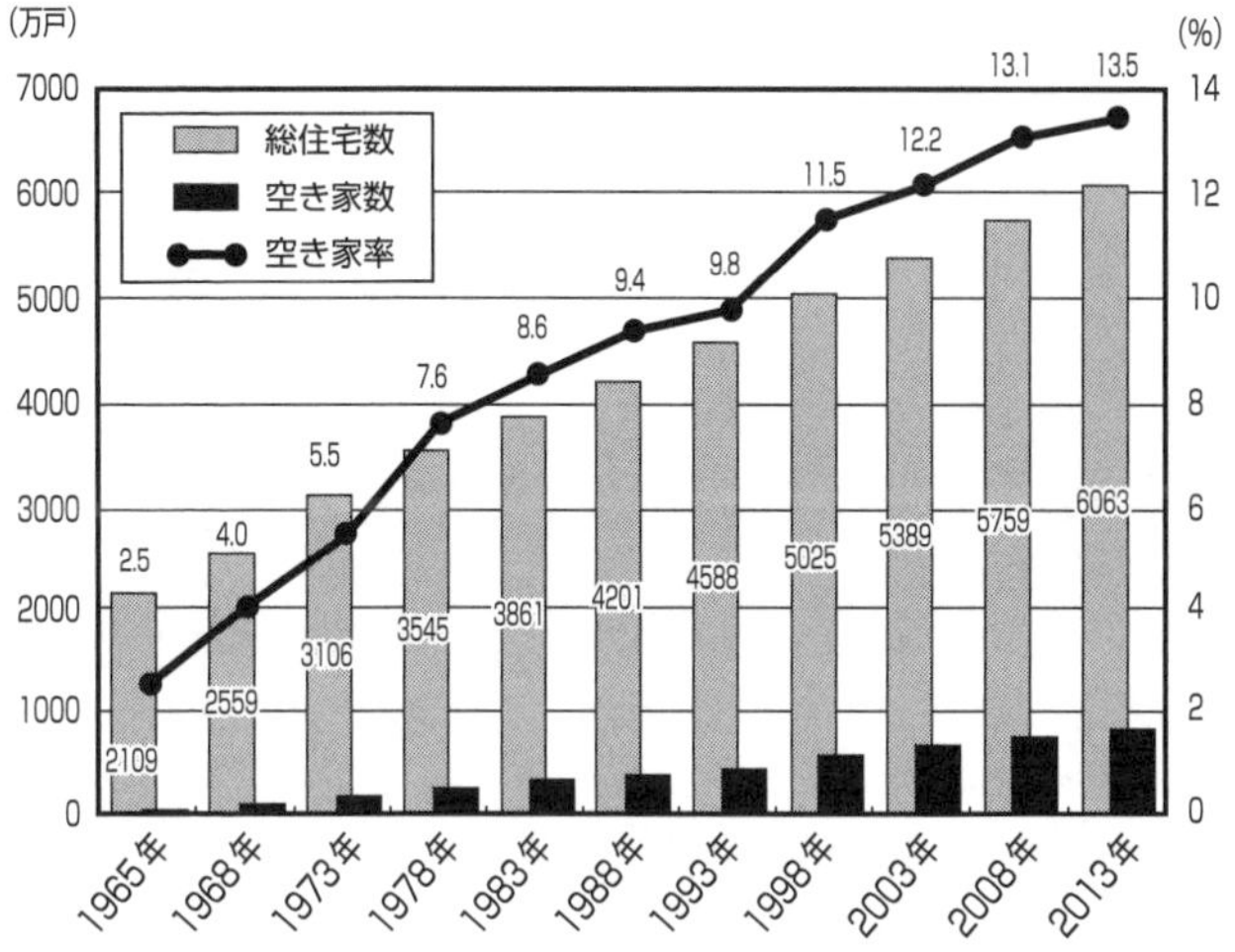

（総務省統計局「住宅・土地統計調査」より）

げていけます。

「空き家不動産投資」は全国どこでもできる！

僕は、地元・京都で「空き家不動産投資」を始めました。

読者のなかには、都市部に住んでいる人もいれば、地方に住んでいる人もいるでしょう。となると、

「空き家不動産投資は、どこに住んでいてもできるのか？」

という疑問がわきますよね。答えを探ってみましょう。

「住宅・土地統計調査」（総務省、２０１４年7月末速報値）では、空き家率の高い都道府県と空き家率の低い都道府県をそれぞれ発表しています。

空き家率の高い都道府県には、以下のように、山梨県、長野県、和歌山県などが上位にランクイン。数値は全国平均の13・5％を上回っています。

一方、空き家率の低い都道府県には、東京都や神奈川県といった大都市がランクインし、数値は10％前後と全国平均を下回ります。

◆空き家率が高い都道府県

第1位／山梨県………22・01％（空き家数：9万2900戸）
第2位／長野県………19・76％（空き家数：19万4100戸）
第3位／和歌山県……18・07％（空き家数：8万6000戸）
第4位／高知県………17・79％（空き家数：6万9800戸）
第5位／徳島県………17・55％（空き家数：6万4000戸）

こうして見ると、「空き家不動産投資は地方在住者に有利だな」と感じる人も多いかもしれません。

でも、「空き家率」だけでそう判断するのは早計です。以下のように、「空き家数」で見たらどうでしょう。

◆空き家数が多い都道府県

第1位／東京都………81万7200戸（空き家率：11・11％）
第2位／大阪府………67万8800戸（空き家率：14・80％）

第３位／神奈川県……48万６７００戸（空き家率：11・19％）
第４位／愛知県………42万２０００戸（空き家率：12・26％）
第５位／北海道………38万８２００戸（空き家率：14・13％）

数値を見てわかりましたか？

空き家の数で見れば、地方よりも都市部のほうが圧倒的に多いですよね。都市部は母数となる住宅総数が多いため、空き家率が平均より低くても、空き家数で見るとかなりの数にのぼります。

実際、空き家数の都道府県トップは東京都。次いで大阪府、さらに神奈川県と大都市が続きます。

つまり、数の差こそあれ、地方でも都市部でも、空き家は身近に存在します。**どこに住んでいようが「空き家不動産投資」は可能**なのです。

さらに突っ込んで考えると、

「空き家不動産投資は、都市部と地方どちらでも成功できるのか？」

という点も気になるところだと思います。

都市部と地方を比較すると、人口の多い都市部のほうが賃貸需要が望め、家賃も高く設定できるので不動産投資の安定運営には有利といわれています。

でも、空き家不動産投資の場合は、賃貸需要や家賃の良し悪しをそれほど気にする必要はありません。

なぜなら、仮に再生した物件の入居者が決まらず空室が続いたとしても、大きなリスクは発生しないからです。

また、空き家のオーナーとの交渉次第で家賃収入の取り分を〝調整〟することもできます（詳細は第2章参照）。

「空き家不動産投資」は、都市部と地方、どちらの空き家をターゲットにしても成り立つのです。

◎空き家を放置せざるを得ない理由がある

日本全国に空き家が増え続けているのは、さまざまな理由が考えられます。よくいわれるのは、

・人口減少で住宅数が世帯数を上回って家余りの状況になっている
・核家族化が進み、両親が亡くなった後の実家に誰も住まなくなっている
・田舎の実家を引き継いだものの自分は実家に帰らず、住まない、貸せない、売れない状態になっている
・高齢化でひとり暮らしの老人が増え、持ち主が病院や老人ホームなどに入ってしまっている
・別荘などの用途で購入したものの使っていない

などです。

長い間誰も住まず管理もされていない空き家は、建物の劣化がどんどん進んでいきます。当然ながら、資産価値も下がっていきます。

また、周辺の住民たちにも迷惑をかけることになります。空き家に不法投棄されてゴミのたまり場になったり、不法侵入や放火など犯罪の温床になりかねないからです。

このように、空き家は〝負の遺産〟となる一面がありますが、

「それなら、使わなくなった空き家は壊せばいいのでは？」

と思った人もいるでしょう。でも、空き家のオーナーからすると、簡単に壊せない事情があるのです。

まず、家の解体にはお金がかかります。空き家の規模にもよりますが、一般的には１００万円単位を負担しなければなりません。

次に、税法上の問題もあります。土地の固定資産税は建物が建っていれば本来の６分の１に減額されます。

しかし、空き家を壊して更地にしてしまうと、この税制優遇が受けられなくなるのです。となれば、**空き家を壊さずに放置したままにしておいたほうが都合がいい**ですよね。

固定資産税の優遇措置については、国会で**「空き家法（空き家対策特別措置法）」**が成立し、周辺に危険や迷惑を及ぼす可能性が高いものを**「特定空き家」**と規定してその対象から外すことが決まりました。

２０１５年２月末の施行後、**一部の空き家は、これまでの６倍の固定資産税を支払わされるケースも出てくる**ため、事情は多少変わってくると思います。だからといって、空き家が劇的に減るわけではないでしょう。

◎「空き家」に悩むオーナーたち

空き家をどうにかしたいと悩むオーナーのなかには、売却や賃貸での活用を検討する人もいます。

放置していれば朽《く》ち果てていくため、売ってお金に換えるか、人に住んでもらったほうがいいと考えるわけです。

不動産会社ではそういった層を見越して、空き家のオーナーに売却や賃貸の営業をかけています。

しかし、古い空き家物件だと価値は二束三文と見積もられてしまい、換金できるのは土地代のみ。立地によっては、売却を希望しても売るに売れないケースも出てくるのです。

では、賃貸はどうかというと、業者はだいたい空き家のリフォームを勧めてきます。「キレイにして賃貸経営しましょう」ともちかけるのです。

でも、見積もりをとってみると費用が500万円、1000万円といった話になり、断念するのがお決まりのパターンだったりします。

結局、**売るに売れない物件や、賃貸を考えたもののリフォームにお金をかけられない物件が空き家として残っている**というのが実状だと思います。

「空き家不動産投資」はさまざまなことを解決し、社会に役立つ！

僕がアプローチするのはそんな空き家の持ち主です。

「空き家の再生と人に貸すお手伝いをさせてください」ともちかけたら、リフォーム費用は一切とらないことを説明します。

空き家のオーナーの負担はゼロ。しかも入居者が決まればオーナーにも家賃収入が入ってきます。

人が住むことで空き家は息を吹き返し、手入れも必要なくなります。もし空き家の周辺住民に迷惑をかけているとしたら、その問題も解決されます。

このように、オーナーにとっていいことずくめなのです。

さらにいえば、前述した空き家法も追い風になります。「特定空き家」に規定されると固定資産税が6倍に跳ね上がりますが、誰かに住んでもらえば従来どおりの6分の1ですむのです。

また、毎年の固定資産税の支払いについても、家賃収入が入ってきたらその足しにできます。

もちろん、すべてのオーナーに歓迎されるわけではありません。でも、歓迎してくれるオーナーは確実にいます。大げさないい方をすれば、オーナーにとって僕は救世主と見られるのです。

◎ターゲットは「戸建て」の空き家

空き家には賃貸や売却用、別荘なども含まれます。それらを除いた「個人住宅」がとくに問題視されています。個人の管理が行き届かず、放置されるケースがもっとも多いといわれているからです。

僕が空き家不動産投資で対象とするのはまさにこの「個人住宅」で、そのなかでも**「戸建て」**をターゲットにしています（ちなみに、空き家という表現には戸建てのほかに、マンションやアパートなどの空室も該当します）。

ですから、「空き家＝戸建て」ととらえてください。

僕が再生してきた空き家物件は、正直、古いものばかりです。といっても、手入れさえすればすぐに住める状態になり、人が住めば入居者の手も加わって再生されていきます。

京都の物件は、築70年～100年以上（推定）。見方によってはボロ家です。でも、京都という土地柄から町家風ともとらえられます。そこは京都ならではの利点かもしれません。

大阪や兵庫、岐阜の物件は、築40年～50年です。こちらは一般的な戸建てなので、どこの地域でも見られるものと変わりません。

「空き家でしかも古いとなると、賃貸ニーズはあるの？」

「入居者がつかないのでは……」

と思う人もいるでしょう。

たしかに、築年の新しい物件と比べれば賃貸需要が劣るのは否めません。でも、個人のニーズが多様化しているため、レトロな物件や古民家風の物件に住みたい人は一定層います。また、金銭的な事情などから、ボロ家でも家賃が安いならOKという人もいます。

実際、僕が再生した約70軒はほぼ満室状態が続いていますし、一度入居したら長く住んでくれる人が多いです。

◎空き家不動産投資――京都の物件例

ここで、僕が手掛けた空き家不動産投資の代表的なものを紹介しましょう。

まずは京都の例から。

京都で再生した物件の多くは、平屋や長屋、中二階のある二階建ての家屋です。

平屋は一階建ての住居のこと。長屋も一階建てですが、玄関を別とする複数の住戸が壁を共有して連なり、棟を形成している共同住宅を指します。

平屋の間取りは2～3の部屋と台所・トイレが付いて、建坪7～8坪、長屋は各住戸４～５の部屋と台所・トイレが付いて、１棟で15～20坪といった感じ。どちらも風呂は付いていません。

中二階の物件は京都ならではの住居です。玄関を入ると細長い土間と台所になっていて、一階に和室が２つくらい。和室の奥にはちょっとした箱庭があり、そこにトイレが設置されています。

そして、急な階段を上がると中二階に和室が１～２つくらいあり、建坪は10～15坪といった感じ。こちらも風呂は付いていません。

あくまでこれは代表的な例で、間取りや坪数は物件によって異なります。また、平屋や長屋、中二階家屋以外にも、普通の戸建てやビルなども手掛けています。

家賃収入も物件によって異なります。

京都市内に建つ空き家を例にとると、周辺の家賃相場が８万円くらいなら、古さを考慮して４万円くらいで貸します。相場の半分ですから、入居者にとってはうれしいですよね。

なお、前述したとおり家賃はオーナーと僕で基本折半ですが、ほとんどリフォームが必要なかった場合はオーナーの取り分が多くなるなど例外はあります。

▲京都の物件③

◆京都市北区。鴨川と大文字山が見える高級住宅街。5LDK、2階建て。築85年。家賃9万8000円(うちオーナーに9万円支払い)。「こんな場所に賃貸で住めるなんて!」と相当驚かれた。芸術系の大学教授が入居

◆京都市南区。京都駅から徒歩圏内の便利過ぎる立地。6K、2階建て。築55年。家賃3万8000円(うちオーナーに3万円支払い)。傾いていて崩壊しそうな雰囲気があったが、なかに入ってしばらく滞在すると慣れてくる

▲京都の物件④

僕が手がける京都の物件の例

▲京都の物件①

◆京都市南区。有名な東寺の真裏にたたずむ隠れ家。３DK、平屋。築年数不詳（戦前）。家賃６万5000円（うちオーナーに2万8000円支払い）。内装はボロいまま。ひのき風呂をつくって一点豪華主義

◆京都市上京区。神社仏閣が集中する京都っぽいエリア。3K、中２階建て。築年数不詳（戦後すぐ）。家賃３万8000円（うちオーナーに1万9000円支払い）。なんと、家の壁がなかったが（隣の家の塀が見える状態）、「あなたの思いどおりの壁がつくれますよ！」とPR

▲京都の物件②

京都物件②の間取り図

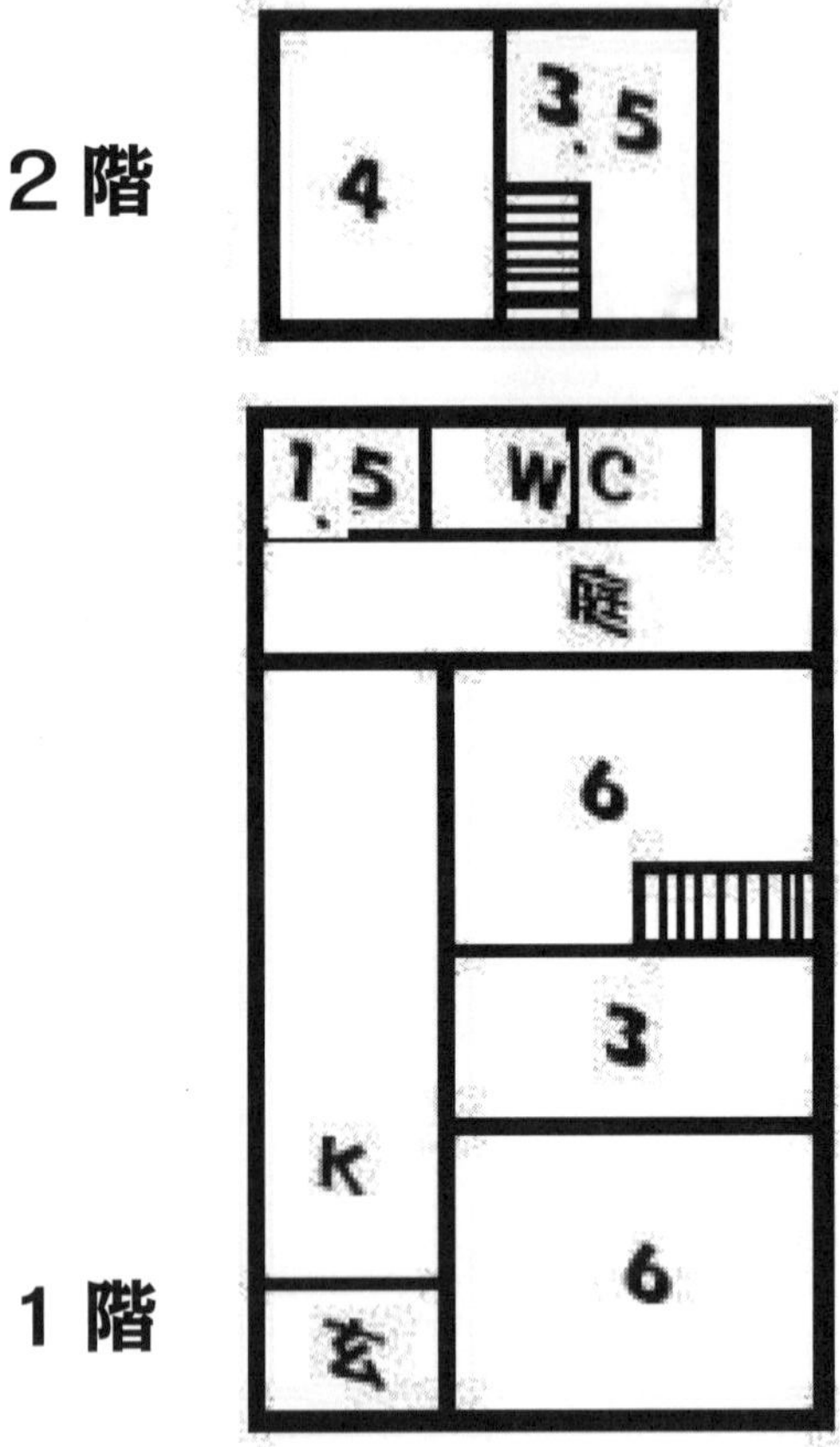

◎空き家不動産投資――大阪・兵庫・岐阜の物件例

次に大阪や兵庫、岐阜の例。

この地域で再生した物件は、すべて戸建てです。普通の二階建ての一軒家を中心に手掛けています。

間取りは１ＬＤＫから７ＬＤＫまでさまざまあり、建坪は10～40坪程度。バス・トイレは完備されています。

家賃は、周辺の相場を踏まえて物件ごとに決めています。相場より安く設定しているのは、京都の物件と変わりません。だいたい３～６万円台の範囲で家賃を設定しています。

ただ、大阪の場合は家賃をかなり安くしています。これは僕の感覚ですが、大阪は激安文化が根付いているためか、自分が格安だと思って設定した家賃が通用しないケースがあったからです。

◆大阪市淀川区。工場地帯の中。5K、2階建て。築75年。家賃6万5000円（うちオーナーに1万円支払い）。塗って塗って塗りまくったペンキハウス

▲大阪の物件③

◆大阪府枚方市。大学の隣で学生が多い。3LDK、2階建て。築38年。家賃3万4000円（うちオーナーに8000円支払い）。風呂・トイレ・下水道なしで大苦戦。リフォームにかなりのお金をかけてしまった

▲大阪の物件④

僕が手がける大阪の物件の例

◆大阪府東大阪市。細長い家が集中する下町。６DK、２階建て。築52年。家賃４万2000円（うちオーナーに１万5000円支払い）。ひたすら掃除とゴミ処分をして、キレイな物件に変身！

▲大阪の物件①

◆大阪府大東市。大阪郊外のベッドタウン。３K､2階建て｡築46年｡家賃４万5000円（うちオーナーに１万円支払い）。全体が汚かったので、家具・家電を置きまくって貸し出しに成功！

▲大阪の物件②

大阪物件②の間取り図

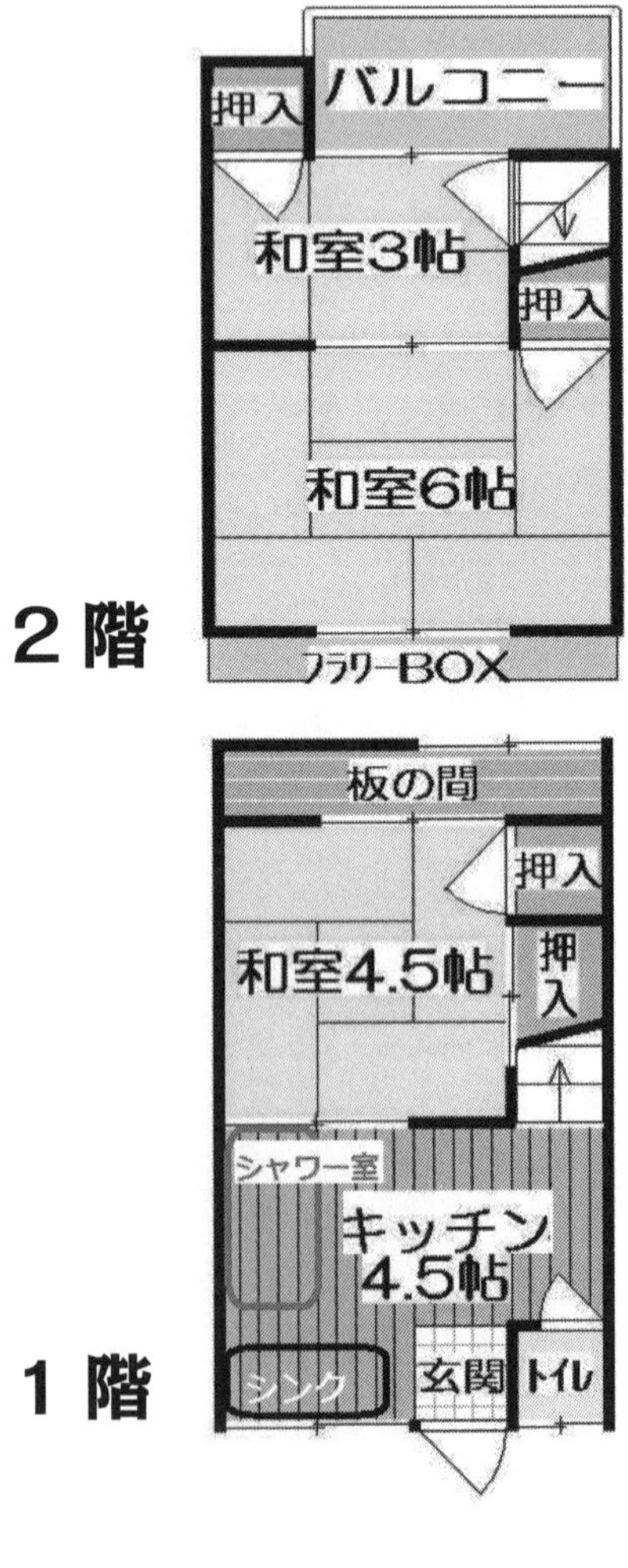
バルコニー
押入
和室3帖
押入
和室6帖
2階
フラワーBOX
板の間
押入
和室4.5帖
押入
シャワー室
キッチン
4.5帖
シンク
玄関
トイレ
1階

◎一般的な不動産投資は利回り10％程度

不動産投資の世界では、「利回り」という言葉がよく使われます。これは、元手（物件の取得価格）に対して、リターン（収益）がどれくらい得られるのかをパーセントで表すものです。

たとえば、１０００万円の物件を購入し、その家賃収入が年間１００万円だったとしましょう。

この場合の利回りの計算式は、

「年間の家賃収入（100万円）÷物件の取得価格（1000万円）×100」

で求め、利回りは10％となります（これを「表面利回り」と呼びます）。家賃収入が年間１００万円で、10年間で１０００万円の投資金額をすべて回収できることを意味します。

限りなくゼロに近い銀行預金などの金利と比べると、利回り10％はかなりのハイリターンです。

不動産投資で利回り10％を得ることは珍しいことではなく、該当する物件は探せばいくらでもあります。

◎「空き家不動産投資」は利回り100％は当たり前！

では、「空き家不動産投資」の利回りはどうでしょうか？

物件を取得しない空き家不動産投資に、利回りという言葉はあてはまらないかもしれませんが、空き家の再生にかかる費用を物件の取得価格として計算します。

再生費用は最大の10万円と見積もり、たとえば家賃収入4万円をオーナーと僕で折半したケースを計算式にあてはめると、

「年間の家賃収入（24万円）÷物件の再生費用（10万円）×100」

となり、利回りは２４０％！

つまり、わずか5か月で投資金額をすべて回収でき、あとは自分の実入りとなるのです。

空き家不動産投資では利回り１００％、２００％は当たり前です。物件によっては３００％、５００％もあります。一般的な不動産投資が頭にある人からすると、これは驚きの利回りでしょう。

空き家不動産投資を始めてから数年の間、僕は一般的な不動産投資のことをまったく知りませんでした。ですから、かけた費用を1年以内に回収するのは当然のことと考えていました。

それが、一般的な不動産投資では利回り10％前後が平均で、投資金額を10年で回収するのが普通だと知って、逆に衝撃的でした。

「そんなに長い期間をかけて回収するの？」

「投資効率が悪いなあ」

と思ったのが正直なところです。

◎常識破りのノーリスク・ハイリターン！

不動産投資には、「定期的に毎月家賃収入を得られる」「利回りが高い」などのメリットがあります。その一方でデメリットもあります。

株式投資やＦＸなどの投資と同じように、不動産投資にもいくつものリスクが潜んでいるのです。そちらにも目を向けるべきです。

以下、一般的な不動産投資と空き家不動産投資を比較して、リスクについて考えてみましょう。

①「空室のリスク」

物件の空室は、不動産投資で最大のリスクととらえられています。

一般的な不動産投資の場合、購入時にローンを組む人が多数です。よって、物件が空室になって家賃収入が入らないと返済に追われます。

空室期間が長く続いたり、物件を複数もっていて何室も空室が出たら、資金ショートも考えられます。

物件を現金で購入していたとしても、家賃収入が入らないのは困ります。物件を保有しているだけで、管理費や固定資産税といったランニングコストがかかり、その負担が重くのしかかるからです。

対して、空き家不動産投資の場合はローンを組まずに実践できるため、物件が空室になっても返済に追われることはありません。

また、物件を保有しないので固定資産税も発生しません。これらは空き家のオーナーが支払ってくれるのです。

家賃収入が入ってこないのは悲しいことです。でも、仮に空室が続いたとしても、損失はリフォームにかかる費用の最大10万円だけですから、空室は大きなリスクではないと思っています。

②「家賃の滞納リスク」

一般的な不動産投資でも、空き家不動産投資でも、入居者が家賃を滞納するリスクを伴います。

家賃の滞納は、空室と同様に長く続くと痛手です。この場合、保証会社に加入すれば、滞納時の家賃を保証してくれるためリスクを回避できます。

ただし僕は、保証会社に加入していません。当然ながら、加入にはお金がかかります。その費用を払ってまで家賃滞納のリスクをカバーすることに疑問を感じたからです。

結果的に、保証会社に加入しなかったのは正解でした。空き家不動産投資を7年間やってきて、家賃滞納のトラブルがあったのは70軒中1軒のみ。その1軒のために、年に数十万円の費用を支払うのはムダですからね。

③「維持・管理リスク」

物件を維持・管理するには手間や時間をとられ、コストもかかります。物件の維持とは、空室になったときのリフォームや何か問題が発生したときに、建物や内部の修繕をしなければならないということです。

これらを自分でやると手間や時間をとられます。しかし、リフォーム費用は安く抑えることができます。

一方、リフォーム会社に依頼すると手間や時間を省くことができますが、リフォーム費用は高くなります。

手間や時間をとられるのをよしとするか、金銭の負担をよしとするか、一般的な不動産投資ではこの選択に頭を悩ますでしょう。

空き家不動産投資の場合、物件の維持に手間や時間はとられず、コストも最低限の費用ですみます。その秘密は第5章で詳しくお話します。

物件の管理については、一般的な不動産投資では管理会社に任せるのが通例です。信頼のおける管理会社に入居者とのやり取りなどをお願いして、手間や時間を省くわけです。ただし、管理費用をとられます。

僕の場合は管理会社に任せず、物件を自分で管理しています。70軒の自主管理は一見、大変そうに見えるでしょう。

でも実際のところは、入居者から水漏れがうんぬんなど電話やメールがあるのは週に1～2件程度。対応に追われて困るようなレベルではありません。

④「流動性リスク」

たとえば株は、必要に応じてすぐに現金化できます。しかし、不動産は流動性が低いため、そう簡単にはいきません。物件を売却したいと思ったときに、すぐには売れないということです。

ただ、それは一般的な不動産投資に限ったこと。空き家不動産投資では物件を保有していないため、流動性とは無関係です。

物件の売却を検討するのは空き家のオーナーですから、投資家は、家賃収入のことだけを考えていればいいのです。

⑤「資産価値の下落リスク」

不動産を所有するオーナーは、資産価値の下落リスクをつねに抱えています。一方、空き家不動産投資は物件をもたずにできますから、投資家は資産価値の下落リスクとは無縁です。

⑥「火事や地震など災害リスク」

物件が火事になって焼失したり地震で倒壊するなどのリスクは、一般的な不動産投資、空き家不動産投資ともに共通します。

これらの災害は防ぎようがない面があるものの、火災には火災保険、地震には地震保険に加入すればリスクを回避できます。

以上、主だった6つのリスクを挙げました。

総合的に見て、一般的な不動産投資に比べて、「空き家不動産投資」はリスクが格段に低いことがおわかりになったと思います。加えて、前述した利回りの高さでも、空き家不動産投資が勝ります。

そういう意味で空き家不動産投資は、ほぼノーリスクかつハイリターンで行えるといえるでしょう。

専門知識は一切不要。話好きでガッツがあれば誰でもできる！

不動産投資を始めるには、専門知識が必要といわれます。関連の書籍をたくさん読んだりセミナーに出席するなど、勉強が不可欠です。

一方、空き家不動産投資に専門知識は必要ありません。むしろ知識がないほうが頭でっかちにならず、うまくいきやすいでしょう。

僕自身、空き家不動産投資を始めた当初は不動産投資の知識は一切なく、「利回り？何それ？」という感じでしたから……。

不動産投資の存在自体すら知らず、ずっと後になってから「そういうやり方もあるんだ」と気づきました。

ただ、空き家不動産投資に知識は不要ですが、知識以外の要素としてもっていてほしいものがあります。

それは、空き家の**オーナーと交渉する際のコミュニケーション力**と、オーナーに断られても次々と空き家を探してチャレンジしていける**精神面のタフさ**です。

といっても、高いレベルのものではありません。人と話をするのが好きだったり、多少の忍耐強さがあれば問題なしです。

「人と関わりたくない」「放ったらかしが理想。面倒なことはしたくない」といった人では無理かもしれません。でも、それ以外の人であれば「空き家不動産投資」で成功する可能性を秘めていると僕は思います。

◎物件探しから家賃が入るまでの期間は2～3か月

ここで、**「空き家不動産投資」の流れ**をおさらいしておきましょう。

①まずは空き家を探す
②次に、空き家のオーナーを調べる
③オーナーに会いに行き、物件の再生と人に貸すお手伝いをしたい旨を交渉する
④交渉が成立したら空き家のリフォームを行い、同時に入居者を募集する
⑤リフォーム完了後、オーナーと僕、僕と入居者で賃貸借契約を交わす
⑥家賃が入ってきたら、オーナーと僕の取り決めに従って分け合う

この一連の流れに要する期間は、順調に進めば2か月～3か月、多少手間どっても半年といったところでしょう。ただ、慣れてきて再生を手がける物件が多くなれば、

「空き家不動産投資」の流れ

1. 空き家を探す
2. 空き家のオーナーを探す
3. オーナーと、空き家の使用について交渉する
4. 交渉成立後、空き家のリフォームと入居者募集を並行して行う
5. オーナーと入居者それぞれと賃貸借契約を結ぶ
6. 家賃をオーナーと分け合う

要する期間は２～３か月。
それ以降は、毎月家賃収入が入ってくる！

かかる期間は短縮されます。

というのは、物件の入居者が増えると口コミ効果により、入居者の獲得が容易になっていくからです。その結果、入居者募集をしなくても入居待ちの状態となり、リフォーム後、すぐに契約に進めます。

僕の場合でいえば、空き家不動産投資を開始して2年で、このような好循環の流れができました。

以降の章では、「空き家不動産投資」の手順を各ジャンルごとに詳しく説明していきます。

第2章は、空き家探しのコツとオーナーとの交渉術について。
第3章は、空き家オーナーと入居者との契約の方法について。
第4章は、空き家物件のリフォーム術について。
第5章は、入居者募集の方法と物件の管理について。

いずれの章でも、僕の経験に基づいたテクニック＆裏ワザをあますところなく紹介しています。

知られざる「空き家不動産投資」のノウハウをじっくりとお読みください！

第2章

空き家探しのコツとオーナーとの交渉術

まずは地元でスタートしよう

空き家不動産投資の第一歩は物件探しです。

今や全国の住あ宅の10軒に1軒以上が空き家の時代です。ちょっと意識して街を歩けば、空き家の1軒や2軒、すぐに見つかるでしょう。

問題はどこで空き家を探すかです。僕は、**今住んでいる自宅の周辺や近隣地域からスタートするのがベスト**だと思います。

地元なら土地勘が働くため、空き家がありそうなところを推測できます。また、リフォームのことを考えても、自宅から通える近場のほうが苦労しないですみます。

空き家の探し方は自分の足で歩いて探すか、近所の人に直接尋ねるかのどちらかです。僕自身、そうやって地元・京都で第一歩を踏み出しました。

自宅周辺は、空き家を探しやすいこと以外に別のメリットもあります。自宅が実家であれば、のちの空き家オーナー探しやオーナーと会って交渉するときに、

「こんにちは。町内に住む○○です」

「あら、○○さんの息子さん？　大きくなったわね」

などとスムーズに話に入っていけます。

自宅が実家ではなく居住地だったとしても、顔見知りの人なら同様にスムーズに話に入っていけます。


それ以外の空き家探しの候補地は、親戚の家の周辺、職場の周辺、出身学校の周辺などが挙げられます。

要は、自分に何らかの縁のある場所です。友達の家の周辺、恋人の家の周辺などでもいいと思います。

縁のある場所であれば、誰かに質問されたときに、

「実は、この近くに親戚の家があるんです」

「昔この近くに友達が住んでいて、よく遊びに来たんですよ」

などとそのエリアで空き家探しをしている理由ができますし、オーナーと交渉するときに空き家を再生する動機にもなります。

◎玄関にある電気メーターをチェック!

自分で空き家の目星をつけたり、人づてに空き家の所在を聞いたとしても、その家が本当に空き家なのかを確認しなければなりません。

では、どうやって判断すればいいのでしょうか?

まずは外から見て判断することになります。庭の植木が全部枯れていたり、雑草がボーボーと生い茂っていたりするのは空き家の特徴のひとつです。ただ、それだけでは空き家とはいい切れません。

僕がいちばんの判断材料にしているのは、玄関近くに設置されている**電気のメーター**です。このメーターのなかの円盤は通常回っていますが、ブレーカーを落とすと円盤が止まった状態になります。

数日の旅行や外出でブレーカーを落とす人はいませんよね? ブレーカーが落ちているということは長期不在を意味します。

ですから、電気メーターのなかの円盤が止まっていたら、空き家である可能性はか

空き家探しを始めよう！

空き家探しは、まずは自宅周辺がベスト

1. 土地勘があるので空き家の目星をつけやすい
2. リフォームで通うにも近場のほうが便利
3. 知り合いも多く、オーナーを探しやすい　etc.

空き家かどうか判断するには?

1. 人の住んでいる気配がまったくない
2. 家も朽ち果て気味
3. 庭の植木が枯れ、草もボーボー
4. 電気メーターの中の円盤が止まっている　etc.

なり高くなります。

さらに確認したい人は、家の呼び鈴を鳴らして無人かどうか調べたり、隣人に空き家かどうか尋ねてみるといいでしょう。

◎オーナー探しは近所のおばあちゃんへの聞き込みが効果的

空き家を発見したら、次にその空き家のオーナーを探します。

オーナー探しで僕が実践している方法はただひとつ。**空き家の周辺で聞き込みをするというやり方**です。

空き家の両隣の住人や近隣の住人に声をかけて、

「あそこの空き家のオーナーをご存知でしたら、教えていただけませんか？」

とストレートに聞きます。

前述したように、空き家が自宅周辺にあって顔見知りの人に声をかければ、オーナーの名前や住まいなどをすんなり教えてもらえます。

ただ、何らかの縁のある場所の空き家だったとしても、誰がオーナーなのかわからないケースも少なくありません。そんなときに重要なのは、誰に尋ねるかです。

僕の経験上、若い世代や40代、50代の層だと聞く耳をもってもらえなかったり、怪しまれることがよくありました。

なので、聞き込みの対象とするのはおじいちゃんやおばあちゃん層。さらにいえば、感触としては**おばあちゃん**がいいでしょう。

空き家の近くでブラブラ散歩していたり、植木に水をやっているおばあちゃんは、ひまをもて余して話し相手を求めています。空き家のオーナーについて尋ねると、「ああ、あの家ね。あそこは○○さんの持ち物よ。すぐ近くに住んでいるわよ」などと丁寧に教えてくれることが多いのです。

もちろん、なかには相手にしてくれないおばあちゃんもいます。また、話を聞いてくれても「どうして空き家の持ち主を知りたいの?」などと怪しむおばあちゃんもいます。

そこで押し黙ったらますます怪しまれるだけなので、僕は、

「空き家のオーナーに相談があって話がしたいんです」

と率直に答えます。正直に理由を話せばいいのです。

なお、オーナーは空き家の近くに住んでいるケースもあれば、空き家から離れた別の地域に住んでいるケースもあります。

僕の経験では半々の割合です。

◎後ろめたさを持つのは禁物!

僕は現在、空き家不動産投資のやり方を指導するコンサルティングをしています。その生徒さんのなかには、最初のうちですが、空き家のオーナー探しでつまずく方が少なからずいます。原因はハッキリしています。それは、自分で自分のことを〝怪しいヤツ〟と思ってしまっているからです。

「オーナーの聞き込みをするなんて、周りからどう見られているんだろう?」

「きっと、怪しいヤツだなと思われているだろうな……」

といった気持ちでいるのだと思います。

そういった後ろめたさを感じながらオーナーを探していたら、つまずくのは目に見

空き家オーナー探し、３つの成功パターン

① いきなりオーナーが判明するパターン

空き家の隣のお宅に尋ねたところ、「オーナーはそこのお向かいの人ですよ」と即答してもらえた。

② 少し迂回するパターン

空き家の２軒隣のお宅に尋ねたところ、「たしか、この街の酒屋さんだったと思いますよ」と返答。空き家の近所にいた人にも尋ねたところ、「多分、○×さんかなぁ。何かお店をやっているはずよ」と教えられ酒屋さんへ。しかし従業員しかおらず「店主がいないのでわからない」と言われ、「重要なことなので必ずお伝えください」と念押しして帰宅。その日の夕方に電話すると、店主が出てオーナーであることが確認できた。

③ 難航しながらも見つかるパターン

空き家の近くで井戸端会議をしているおばあちゃんたちに聞いたところ、「町内会長さんなら何でも知ってるわよ」と言われる（ここでおばあちゃんたちの名前をチェック）。おばあちゃんたちの名前を出して町内会長に尋ねると、「その通りを越えたところに郵便局があって、その何軒か先の大きな門構えのお宅だと思います」と返答。訪問すると留守だったため、「町内会長さんから○×町の空き家について聞きました」などと書いたメモをポストに入れて帰宅。すると数時間後、その家の人から電話があり、再度訪問して事情を話すと「あの家は親戚の持ち物なんだよ」と言われ、住所と電話番号を聞くことに成功。

えていますよね。

たとえば、空き家をのぞき込んだり、周辺でオーナー探しをしていたとします。その際、近所の人に「あなた誰?」といわれたら、パッと逃げたりしてしまうのです。

僕の場合は、最初から自分のことを一切怪しいと思っていません。空き家不動産投資に自分なりに意義を見出していますし、やりがいを感じていますから。

なので、近所の人に「あなた誰?」といわれても決して逃げるようなことはせず、むしろチャンスだと思って、

「こんにちは。ちょうどよかった。ここの空き家のオーナーが誰か知りたいんです」

と笑顔で聞けるのです。

オーナー探しには多少苦労するかもしれませんが、丸一日行動すれば、最低でもひとりのオーナーと面会できるでしょう。

オーナーを納得させる交渉テクニック

さて、空き家のオーナーがわかったらさっそく訪問して、いよいよ使用の許可をと

る交渉です。この交渉によって空き家不動産投資ができるかどうか決まるため、最大の関門といえます。

だからといって、怖れる必要はまったくありません。おくすることなく、普段と変わらない姿勢でのぞむことが重要です。

では、僕がどうやって交渉を進めるのか？　オーナーとのやりとりを詳しく再現して説明しましょう。

まずは挨拶をして、訪問の要件を伝えていきます。

「○○さんは○○町の空き家の持ち主ですよね？」と始め、相手がうなずいたら「その空き家のなかを見せてくれませんか？」といいます。すると相手は「どうして？」と当然なります。そこで、

「空き家のままにしておくのなら、僕に使わせていただけませんか？　実は素人ながら、空き家をリフォームして再生してみたいんです」

と正直に話すのです。

この段階では、相手は突然の話にびっくりします。「何をいきなりいい出すんだ？」といったところでしょう。

そして、「自分で住む気なのか?」「リフォームのお金はどうするんだ?」といった疑問が次々と頭に浮かぶと思います。なので、

「リフォームの費用は一切いただきません。すべて僕が負担します!」

といって安心してもらいます。そして、

「僕が住むわけではありません。再生した物件に住みたい人を僕が探してくるので、その人に住んでもらうんです」

と続けます。ここまでくると、相手はだいたいの事情は察してくれます。しかし、今度は別の心配がわいてきます。

「無料でリフォームをするなんて、キミが損するだけじゃないのか?」

「しかも、住む人まで探すとなると手間だろうし……」

と。もっといえば「あとで高額なリフォーム代を請求されたり、住む人を探したことで高い手間賃をとられたら困るなあ……」といった不安が生まれるのです。そのような心配や不安を解消するために、

「あとでお金を要求することは一切ありません。入居者から家賃をもらえるので、その一部をいただければ僕は損せずにすみます。もちろん、○○さんにも家賃をお渡し

できます」

と伝えます。

すると大抵、興味を示してもらえます。何度も述べてきたように、空き家を放置するしか手立てがなく、困っているオーナーは大勢います。その問題が解決されて、しかも家賃収入が入るとなればうれしいですよね。

ただ、ここまでいってもなかには疑いの目をもつ人もいます。オーナーにとって条件のいい話ばかりなので無理もないでしょう。そんなときは、古い家（＝空き家）に対する想いを語ることもあります。

「僕は小さい頃、祖父と祖母と一緒に古民家に住んでいました。その家を建て替えで取り壊すことになったのですが、すごく悲しくてつらい経験をしました。だから古い家には愛着をもっていて、思い入れが強いんです」

これは僕の体験談なので、あてはまる人は少ないと思います。でも、古い家が好きだったり、リフォームが好きな人はいますよね。また、空き家を再生させて社会貢献したい人もいるでしょう。

このように自分の熱い想いを語ることで、オーナーの疑いは晴れ、前向きに検討してもらえるのです。

月いくらで借りられるかを決める

オーナーが空き家の使用に前向きになったら、次の交渉に移ります。**空き家を月いくらで借りられるのか金額を決定する交渉**です。

当然ながら、望ましいのはより安く借りることです。安く借りられればオーナーへの支払いは低く抑えられます。この家賃の設定次第で自分の実入りを多く増やせるのです。

ですから、オーナーに支払う金額を決める交渉はとても重要です。僕の経験上、次の3つのパターンがあります。

●パターン①

オーナーに「月いくらお支払いすればよろしいですか?」と尋ねると、判断するのが難しいらしく、多くの人が答えに困ります。で、逆に「相場はどのくらいなの?」

と聞かれます。

その際、僕はこう答えます。

「古い空き家なので建物自体の価値はほとんどありません。土地代だけを考慮して、周辺の駐車場代くらいをお支払いするのではどうでしょうか？」

駐車場代として想定しているのは月約1万円です。結果的にオーナーの取り分は月1万円前後に落ち着き、そこで家賃を2万円前後に設定し、その家賃収入をオーナーと僕で半々に分けることとなります。

金額に多少の差はありますが、このケースが基本的なパターンです。

●パターン②

オーナーへの支払いは月2万円以下に抑えたいと考えているのですが、それを大きく下回る金額を答える人もいます。そんなときは、当然、「その金額でお願いします！」とすんなり決定。

なかには「いくらでもいいよ」と太っ腹なオーナーもいます。その場合は遠慮せずに低い金額を念頭に置き、「では、駐車場代くらいをお支払いします」「固定資産税をまかなえるレベルで」などと話します。

いずれにしても、僕にとってはメリット大です。空き家を貸し出す際の家賃設定にもよりますが、家賃収入を多く見積もれます。

●パターン③

駐車場代のレベルでは安すぎるといわれたり、こちらが想定する月2万円以内を超える金額を要求されるパターンもあります。

この場合は、オーナーの希望どおりにすると、家賃収入の大半を支払いにあてなければいけなくなり、当然、自分の取り分が少なくなります。

このケースでは、物件のマイナス面に目を向けて値引き交渉をします。

「家賃がそれほど望めないので」

「雨漏りがあるので、修理に手間と時間がかかるので」

といったデメリットを強調し、安く借りられるようにするのです。

それでも相手が折れなければ、無理にその空き家は手がけません。採算が合わない物件を手がけても、あとで損をするだけですからね。

以上、3つのパターンでオーナーへの支払い額を決めたら、リフォームと入居者募集後、正式に賃貸借契約を結びます。

スーツ姿に名刺&資料持参はNG

僕は、空き家不動産投資をやってみたいという人の相談に乗っているので、オーナーとの交渉について、次のような質問をよく受けます。

・服装はやはりスーツのほうがいいですよね?
・どんな名刺をもっていけばいいでしょうか?
・資料はどの程度準備すればいいですか?

失礼を承知でいうと、これらはすべてNGのご質問です。

なぜなら、スーツを着ていく必要はなく、名刺や資料も持参する必要はないからです。必要ないどころか、**これらはオーナーとの交渉で弊害を招くことになりかねません。**

オーナーのもとをビシッとしたスーツで訪れて名刺や資料を差し出したら、相手はどのように感じるでしょうか？　ほぼ間違いなく、不動産会社の営業マンだと勘違いするでしょう。

オーナーは不動産会社の営業マンに対して、空き家のリフォームを勧められるなど、何かお金をとられるのではないかという悪い印象を抱いているケースが少なくありません。そのひとりと勘違いされたら、門前払いされるのは目に見えています。

仮に、運良く話を聞いてくれたとしましょう。そのとき資料を出して説明するというのがまた問題です。

資料にあれこれ書いてあると、「じゃあ、あとで見ておくからそこに置いといて」と応対され、そこで話は終了。結局資料は読まれず、ゴミ箱に直行という運命になります。

僕がオーナーとの交渉に臨むときは、いつもと変わらない普段着で行きます。ただし、**清潔感のある身だしなみは大前提**です。

名刺や資料も一切もっていきません。手ぶらです。見知らぬ人が訪ねてきても、普段着かつ手ぶらであれば、不動産会社やリフォーム会社の営業マンとはまず思われないでしょう。

そして、説明は口頭でします。

資料があると、オーナーはそれを見ればよいことになります。でも、資料がないと、僕の話に耳を傾けるしかないですよね。気になる点があれば質問もしてもらえて、説明する機会をゲットできるのです。

ちなみに、先のようなNGの質問をされるのは、空き家不動産投資を副業でやりたいという優秀なサラリーマンの方によく見られます。

優秀がゆえにきちんとしなければいけない気持ちが強く、そういったNGに引っかかってしまうのかもしれません。

何ごともそうですが、頭でっかちにならないことが大切です。

優秀な人より少しバカのほうが交渉はうまくいく？

交渉ごとでは、ときには機転を働かすことも大切です。

たとえばオーナーと交渉しているときに、不動産の賃貸に関することや、建物の保険はどうなるのか、法律的にどうなるのかなど質問されるケースもあります。

駆け出し当時の僕に専門的な知識は一切ないですから、何をどう答えたらいいのかわかりませんでした。でも、適当なことはいえませんし、かといってごまかすわけにもいきません。

そこで僕は、次のように答えるようにしていました。

「僕には詳しいことはわかりませんが、不動産は不動産、保険は保険、法律は法律の各専門家と連携をとって疑問点にお答えさせていただきます」

すると、大抵のオーナーは納得してくれました。

もし中途半端に答えていたらどこかで必ずボロが出て、相手に不信感を抱かせてしまっていたでしょう。そうなると、交渉はうまくいくはずないですよね。

交渉の際、わからないことはわからないと正直にいうのが僕のモットーです。そのほうが誠実な印象を相手に与えられます。

そして専門家と相談して答えるとすれば、信頼を得られます。実際専門家に相談して、オーナーの疑問点には必ず答えていました。

前述した空き家不動産投資を志す優秀なサラリーマンの多くは、機転を利かせるのが苦手な人が少なくありません。

オーナーとの交渉時に想定される質問の対応マニュアルをつくり、それがないと安心できないといった感じです。

たしかにマニュアルも大切ですが、マニュアルに頼りすぎるのは問題でしょう。**想定外の質問をされたときに対処できず、しどろもどろになって相手を不安にさせてしまう**からです。

僕が手ぶらで交渉にのぞめたのは、「臨機応変に対応すればいいや」というある種の開き直りがあったからかもしれません。

「わからないことはわからないと言おう」

「誠実な対応と信用を得ることを第一に考えていれば、きっとうまくいくはずだ」

といつも楽観的に考えていました。

そういう意味では、頭脳明晰で優秀な人よりも、僕のように少しバカな人間のほうが、交渉には有利だと思います。

「入居者が決まったら家賃を払います」のひと言を！

話が少しずれたので元に戻しましょう。

オーナーとの家賃配分の有利・不利にかかわらず、入居者が決まらなければ家賃収入は入ってきません。いわゆる空室の状態です。

空室のリスクのところでもお話ししましたが、空き家不動産投資ではこの空室が大きなリスクにはならずにすみます。

理由のひとつは、借金なしで始められるため、ローンの返済に追われる心配がないからです。

実はこれとは別に、もうひとつ理由があります。それはオーナーとの交渉のなかで、

「入居者が決まったら家賃をお支払いします」

としているからです。

頑張って入居者を探すのは当然ですが、見つからないケースも考えられます。その

場合は、「入居者がいないので家賃をお渡しできません」ということをきちんと伝えています。

なので空室の期間中は、僕からオーナーに家賃は一銭も支払いません。**空室を恐れなくていいのです。**

といっても、空室の期間中は僕も家賃収入がゼロなので、空室を放ったらかすようなことはせず、入居者探しに全力を注ぎますが……。

立地のマイナス面を交渉材料にする

空室が大きなリスクにならないとはいえ、入居者がつきにくいエリアに空き家が建っていたら、「リフォームの手間だけかかり、オーナーとの交渉は無意味なのでは？」と思う人もいるでしょう。

たしかに、多くの入居者が期待できるエリアの空き家に限定して交渉したほうが効率はよく、のちの賃貸運営の安定度も高いでしょう。

ただ、**入居者がつきにくいエリアの物件でも、アピールの仕方や募集の方法を工夫**

すれば、入居者確保にはそれほど困りません。

実際、僕が再生した空き家物件の何軒かは、駅から遠かったり、周囲に商業施設などもない辺鄙《へんぴ》な場所に建っているものもあります。でも、つねに入居者を確保できています。

また、入居者がつきにくいエリアの物件の場合、オーナーとの家賃配分の交渉で優位に立てます。

「立地的に入居者が見つかるかどうかわからないので、家賃の支払いを安くしてもらえませんか？」

などとマイナス面を交渉材料にできるのです。

あとは工夫や努力によって入居者を見つければ、オーナーへの支払いは最低限ですみ、自分の実入りを増やせることになります。

空き家をタダで借りたケースもある！

空き家オーナーにお金を支払わず、無償で借りられた物件もあります。**つまり〝タダ〟**

です。

通常は自分の足や聞き込みで空き家を探しますが、このタダ物件は「ジモティー」というサイトで見つけました。

「ジモティー」は、自分が所有する家具や電化製品、生活雑貨などさまざまな商品を、地域ごとのインターネットの掲示板を通じて、売ったり、譲ったりすることができるサイトです。

その掲示板で、

「余っている土地があります。過疎化しているので、町おこしに興味のある方は無償で使ってください」

という投稿を見つけました。さっそく問い合わせたところ、敷地内に空き家があるのを知りました。

所在地は奈良県の山奥の村。過疎化が進んでいるという言葉どおり村は閑散としていて、入居者をあてにできない場所です。

そこで僕はオーナーとの交渉の際、「10年間、タダで空き家（土地も含めて）をお借りできますか?」と思い切って尋ねてみました。すると、すんなりオーケーの返事を

地域コミュニティサイト「ジモティー」を活用しよう！

「ジモティー（http://jmty.jp/）」の特徴

1. 家具や家電、生活雑貨など、さまざまな中古品を売ったり譲ったりできる
2. 地域ごとのネット掲示板を閲覧できる
3. 中古品のやりとりは、地元で直接会って取引きする

僕はこの地域掲示板を通じて、
空き家をタダで借りることに成功しました！

もらえたのです。

この空き家のオーナーは「故郷の実家が朽《く》ち果てていくのが悲しい」とこぼしていました。

家賃収入うんぬんよりも、誰かに住んでもらって物件が維持・管理されていくことをいちばんに望んでいたのです。

次ページにその写真を掲載しましたが、〝タダ〟だけあってご覧のとおり相当なオンボロ物件です。

まだリフォームの段階まで進んでいませんし、たとえリフォームがすんだとしても、入居者を確保するのは簡単ではないでしょう。

ただ、ほかの過疎地で手掛けた空き家では、田舎暮らしを希望する都市部の人に入居してもらえた例もあります。そういった需要を掘り起こせば、入居づけは可能だと思っています。

10年間はタダなので、月に5000円でも1万円でも家賃収入が入れば御《おん》の字。リフォーム後は気楽にかまえて入居者を待つつもりです。そして、少しでも村おこしに役立ちたいと思っています。

〝タダ〟だけあって、相当なオンボロ物件

リフォーム後は気楽にかまえて入居者を
待つつもりです。これも社会貢献です！

とにかく前に進むことが成功への近道!

ここまで、空き家やオーナーの探し方と、オーナーとの交渉の仕方について説明してきました。

空き家探しのハードルはそれほど高くありません。でも、オーナー探しやオーナーとの交渉はそう簡単にはいきません。

僕の経験上、空き家を見つけてオーナーに行き着くのは4~5件のうち1件、オーナーとの交渉成立も4~5件のうち1件という割合です。

僕自身もそうだったように、空き家を発見したのにオーナーがわからなくてつまずく場合も多くあります。

また、たとえオーナーがわかったとしても、結局了解が得られず……、ということは想定しておく必要があります。

ダメだったら潔《いさぎよ》くあきらめて、気持ちを切り替えて次の空き家、次のオーナーにあたってください。僕もそう肝に銘じていました。

空き家は探せばいくらでもありますし、オーナーのなかには快く応じてくれる人もたくさんいます。

何ごとも、前を向いて進んでいくことが成功への近道です！

第3章

「空き家オーナー」&「入居者」との契約の仕方

◎オーナーと「契約書」を交わして、家賃が入ってくる仕組みをつくる

空き家不動産投資の核となるのは、**「空き家を再生させ、人に貸して家賃収入を得る」**というモデルです。

空き家はオーナーが所有していますが、前章では使用の許可や金銭の交渉術について詳しく説明しました。

この章では、

・「オーナーと僕」で結ぶ契約

・「僕と入居者」で結ぶ契約

について解説していきます。

通常は、空き家のリフォームと入居者募集を先に行い、入居者が決まってからオーナーと僕、僕と入居者で契約を交わすという順番です。しかし、重要度では契約のほうが勝るため繰り上げました。

「賃貸借契約書」を作成する際のポイントとは？

まずは、オーナーとの契約についてです。

貸主のオーナーと借主の僕との間で取り交わすのが**「賃貸借契約書」**。建物を有料で貸借するときに、さまざまな取り決めを契約するための書類です。

賃貸借契約書はごく一般的なフォーマットで、ネットなどに載っている契約書を参照して自分なりの言葉にアレンジしました。

僕が実際にオーナーと交わしている書類を96ページから掲載しています。建物賃貸借契約書と銘打った扉のページを除き、計5枚。

あとで重要箇所を解説するので、じっくり目を通す必要はありません。こういう契約書を使っているんだという程度にご覧ください。

オーナーとの契約のメインは、①「賃貸借契約書」（96、97ページ）と、②「契約条項」（98～100ページ）です。

それぞれポイントを説明していきましょう。

建物賃貸借契約書（その1）

建物賃貸借契約書

貸主＿＿＿＿＿＿＿＿＿＿＿＿＿＿＿＿(以下「甲という」)と

借主＿＿＿＿＿＿＿＿＿＿＿＿＿＿＿＿(以下「乙という」)とは

下記の条項に従って賃貸借契約を締結する。

(A)賃貸借の目的物の表示等	名称			
	所在地			
	種 類	共同住宅(マンション アパート) 戸建住宅(テラスハウス)		
	構造・規模	木造1/2階建・鉄骨造 鉄筋コンクリート造 ・鉄骨鉄筋コンクリート造 軽量鉄骨造		
	間取り			
(B)賃貸借条件	契約期間	平成 26 年 月 日 から 平成 年 月 ## 日 まで ##### 年間		
	賃 料	月額 円	敷 金	無し
			礼金	無し
			更新料	無し
	賃料等の振込先	銀行などの口座名を下にお書きください 例:京都銀行 上賀茂支店 0123456 オヤシキ タロウ		
	支払期限	①翌月分を毎月 末 日までに支払う。 ②振込み手数料は乙の負担とする		

(C)転借人	氏 名	年齢		氏 名	年齢		氏 名	年齢	
			歳			歳			歳
			歳			歳			歳
(D)使用目的	居住用 旅館業								

(特約事項) その1. 乙は、甲乙間で平成26年 月 日に締結された不動産管理委託契約書に基づき、(C)転借人名に記載された者と賃貸借契約を締結する。

その2.

建物賃貸借契約書（その２）

本契約の締結を証する為本書2通を作成し甲乙丙はこれに記名捺印したあと甲乙各1通を保有する。

平成　26 年　　月 ## 日

	貸　　主・甲	借　　主・乙
住　　所 電話番号	〒 0	
(フリガナ) 氏　　名	印	印
連帯保証人・丙		〒 553-0004 (住所) (氏名)　印 (電話番号)

緊急時の連絡先	氏　　名		住　　所	
	乙との関係	妻	電話番号	

契約条項（その 1）

契　約　条　項

第１条（賃貸借契約の締結）

甲は、乙に対し、頭書（A）記載の物件（以下「本物件」という）を目的物とする賃貸借契約（以下「本契約」という。）に基づき、本物件を賃貸し、乙はこれを賃借する。

第２条（契約期間及び更新）

1　契約期間は頭書（B）「契約期間」欄に記載のとおりとする。
2　甲及び乙は、協議のうえ本契約を更新することができる。
3　乙から、頭書（B）記載の契約期間満了の１ヶ月前までに甲に対して書面をもって本契約の存続に関し何らの申し出がない場合には、本契約は同条件で更新されたものとする。　以後この例による。
4　本契約が更新される場合には、乙は甲に対し、頭書（B）「更新料」欄記載の額を支払わねばならない。

第３条　（使用目的）

1 乙は、本物件を甲の同意した目的をもって使用しなければならない。

第４条（賃料）

1　乙は、頭書（B）「賃料」欄記載の額を甲に支払わなければならない。
2　１か月に満たない期間の賃料は日割り計算した額とする。
3　乙は、解約申入れをした場合でも解約の効力が発生する日までの賃料を支払わなければならない。
4　甲及び乙は、次の各号のいずれかに該当する場合には契約期間中であっても協議の上、**賃料の改定を請求することができる。**
① 土地または建物に対する租税その他の負担の増減により賃料が不相当となった場合
② 近傍同種の建物の賃料に比較して賃料が不相当となった場合

第５条　（転貸借に対する同意）

1　甲は、乙が本物件を頭書き（C）記載の転借人に転貸することに同意する。
2　乙は、頭書き（C）記載の転借人以外の者に本物件を使用させてはならない。

第６条（規約の遵守等）

1　乙は、本物件を善良なる管理者の注意をもって使用する義務を負う。
2　乙は、本物件の管理規約・使用細則等を遵守するとともに甲が本物件管理上必要な事項を乙に通知した場合その事項を遵守しなければならない。
3　乙は、甲の承諾を得ることなく本物件の増築・改築・移転もしくは模様替または本物件の敷地内における工作物の設置を行ってはならない。
4 乙は、本物件において危険な行為・騒音・悪臭の発生その他近隣の迷惑及び共同生活を乱す行為衛生上有害となる行為ならびに本物件に損害を及ぼす行為等をしてはならない。

第７条（通知義務）

1　乙は、次の各号のいずれかに該当する場合には、甲または甲指定の管理人にすみやかに通知しなければならない。
①　乙の住所・名称等に変更がある場合
②　連帯保証人（丙）に住所・氏名・電話番号等の変更がある場合
③　本物件に変更が生じまたは甲の負担において修繕を要する箇所が生じた場合

第８条　（修繕義務）

1　甲は、乙が本物件を使用するために必要な修繕を行わなければならない。ただし、乙の故意又は過失により必要となった修繕に要する費用は、乙が負担しなければならない。
2　前項の規定に基づき甲が修繕を行う場合は、甲はあらかじめその旨を乙に通知しなければならない。この場合において、乙は正当な理由がある場合を除き、当該修繕の実施を拒否することができない。
3　乙は、別表 に掲げる修繕を行わなければならない。この場合、修繕に要する費用は、乙が負担しなければならない。

契約条項（その２）

第９条（解除事由）
1　甲は乙において次のいずれかの事由が生じた場合、相当の期間を定めてその履行等を催告したうえで本契約を解除することができる。
①賃料の支払いを２回以上怠り、その額が賃料の２ヶ月分に達したとき
②乙が本契約の各条項に定める義務に違反した場合

第１０条（乙からの解除）
1　乙は何らの事由がなくても１か月以上前の予告期間をもって甲に対し本契約の解除を申し入れることができる。この場合予告期間の満了と同時に本契約は終了する。
2　前項の規定にかかわらず、乙は１か月分の賃料相当額を甲に支払うことにより即時に本契約を解除することができる。

第１１条（契約の終了）
本契約は天災・地変・火災などにより本物件を通常の用に供することができなくなった場合または将来都市計画等により本物件が収用または使用を制限され賃貸借契約を継続することができなくなった場合には当然に終了消滅する。

第１２条（明渡し）
1　乙は明渡日を事前に甲または甲指定の管理人あてに通知し、立会日を協議したうえ、本契約が終了するまでに本物件を明渡さなければならない。ただし第９条の規定にもとづき本契約が解除された場合は直ちに乙は本物件を明渡さなければならない。
2　乙は前項の規定において通常の使用にともない生じた本物件の損耗を除き乙の費用負担で本物件を原状回復しなければならない。
3　前項の規定にかかわらず乙が任意に原状回復をしない場合には甲は乙の費用負担のもとに原状回復をすることができる。この場合に甲は原状回復工事費用等の内訳を乙に明示しなければならない。
4　本物件の損害または損耗のうち乙の故意または過失によるのかあるいは通常の使用により生じたものかが判明しない場合の原状回復については、居住年数など実情に応じて一般的な慣例や判例を基に甲乙の負担割合を決定するものとする。
5　乙は、本物件の明渡しに際しては残存物をすべて処理し室内の清掃公共料金等の精算を済ませたうえ鍵等の甲から貸与されたものを返還するものとする。

第１３条　（立ち入り等）
1　甲または甲指定の代理人は、本物件の防火・構造の保全その他管理上特に必要があるときは、あらかじめ乙の承諾を得て本物件に立ち入り点検し適宜な措置を講ずることができる。
2 前項の規定にかかわらず、甲または甲指定の代理人は、緊急に立ち入る必要がある場合においては、あらかじめ乙の承諾を得ることなく本物件に立ち入ることができる。ただし、甲は乙の不在時に立ち入ったときは、立ち入り後にすみやかにその旨を通知しなければならない。

第１４条　（解除通知等の到達先）
甲または乙が、相手方に対し本契約解除通知等をなすにあたり、賃貸借条件の概要記載の書類送付先あるいは変更届出のあった住所に宛てて通知書類等を発送した場合には、相手方の受領拒絶・所在不明等で到達しなかった場合でも、通常到達すべきときにその意思表示は相手方に到達したものとする。

第１５条　（損害賠償）
1 乙が賃料・敷金・礼金の支払いを遅滞したときは、年14.6%の割合による遅延損害金を支払わねばならない。
2 乙は本契約が終了したにもかかわらず（解除された場合を含む）本物件の明渡しを遅延したときは、明渡し完了の日までの間・賃料の倍額に相当する損害金を支払わなければならない。
3 乙は乙と第三者との間で生じた本物件に関する損害賠償問題等については、当事者間で問題を解決するものとし、甲はこれに関与しないものとする。

契約条項（その3）

第１６条　（解除後の本物件内の乙所有動産の処分等）

１本契約が解除されたにもかかわらず乙が所在不明のため、乙自身が本物件を明渡すことができない場合には、乙は本物件内の動産の処分権限を連帯保証人丙に授与し丙は乙の承諾を要することなく丙の判断で本物件内の動産を廃棄等の処分ができるものとする。なお賃貸借条件の概要記載の書類送付先、変更届出のあった住所、住民票記載の住所、連帯保証人の住所、以上のすべて住所に宛てて乙に対し書類等を送付しても乙から何らの回答のない場合には所在不明とみなす。

２前項の場合において甲が丙に対し前項の処分を催告したにもかかわらず丙がその処分を怠った場合には、乙は甲に対しても本物件内の動産の処分権限を授与し甲は乙の承諾を要することなく甲の判断で本物件内の動産を廃棄等の処分ができるものとする。

第１７条　（立ち退き料等の請求禁止）

本契約が期間満了または解除により終了した場合には、乙は甲に対して立退料・移転料・損害賠償その他名目のいかんを問わず一切の請求をしないものとする。ただし本契約が甲の都合により合意解約された場合には甲乙協議のうえ甲は乙に対し相当の金員を支払う。

第１８条　（連帯保証人の責任）

丙は、乙と連帯して本契約から生じる乙の一切の債務を保証するものとする。

第１９条　（協議）

甲及び乙は、本契約に定めがない事項あるいは条項の解釈について疑義が生じた場合は、民法その他の法令及び慣習に従い誠意をもって協議し解決するものとする。

第２０条　（管轄裁判所）

１本契約に関する訴訟の管轄裁判所は、京都地裁本庁を管轄裁判所と定める。

第２１条　（特約条項）

特約事項については、頭書き「特約事項」欄に記載するとおりとする。

別表（第８条関係）

乙(借主)が甲(貸主)の承諾なく修繕できる箇所

畳表の取り替え・裏返し	電球、蛍光灯の取替え
障子・ふすまの張替え	その他費用が軽微な修繕

①「賃貸借契約書」

まずは「賃貸借契約書」です。貸主、借主の名前を書き、項目ごとに必要事項を記載します。

・「賃貸借の目的物の表示等」

名称、所在地、構造・規模、間取りには、空き家の情報を書き込みます。

・「賃貸借条件」

契約期間、賃料、敷金・礼金・更新料などの項目があります。契約期間はオーナーから空き家を借りる期間を指し、僕の場合は通例で3年です。賃料はオーナーとの交渉で決まった金額を記します。

敷金・礼金・更新料については、オーナーに「なし」ということを了承してもらっています。つまり契約時の費用は0円で、更新時も0円ですむのです。

・「転借人」

この項目には、入居者が決まったのち、その人の氏名・年齢を書き込みます。オーナー所有の物件を僕が借り、その物件をさらに借りる人(＝転借人)です。

・「使用目的」

居住が目的なので居住用と記します。京都の場合、旅館業を目的にするケースもありますが、一般的には少ないでしょう。

・「特約事項」

僕なりのひと工夫を記している箇所です。実はオーナーと賃貸借契約を結ぶ前に、空き家の使用許可が下りた段階で「不動産管理委託契約」の書類を交わします（詳細は123ページ参照）。

以上の契約を経て、転借人と「賃貸借契約」を結びます。

②「契約条項」

次は「契約条項」についてです。多数の条項のうち、もっとも重要なのは第五条の「転貸借に対する同意」です。

一般的な賃貸借契約書には、「第三者に転貸してはならない」という条項が盛り込まれています。

空き家不動産投資の場合は、オーナーから借りた物件を人に貸す転貸をスタイルにしているため、この条項を削らなければなりません。

削ったうえで、先の転借人に転貸することをオーナーに同意してもらう条項を新たに盛り込んでいるのが大きなポイントです。

その他の契約条項については、僕なりにアレンジした箇所も何点かありますが、一般的な賃貸借契約の内容とおおむね変わりません。

なお、これら賃貸借契約書の書類はオーナーに手渡して説明し、内容確認と必要箇所を記載したのちに郵送で送ってもらいます。ですから、契約の手続きに手間はかかりません。

オーナーとのトラブル事例

実は僕は、オーナーとの賃貸借契約で、過去に一度だけトラブルになったことがあります。

当初のオーナーはおばあちゃんでした。空き家の使用を了承してもらい、リフォーム後に入居者を確保して問題なく賃貸運営していました。

ところが、おばあちゃんが亡くなり、オーナーがその息子さんに代替わりしたとき

に、突如文句をいってきたのです。いい分は、

「うちの物件を勝手に第三者に転貸しているだろう。契約書の条項には転貸してはならないと書いてある。どういうことだ！」

というものでした。

僕は当初、一般的な賃貸契約書の**「転貸してはならない」という条項**を削除せずに使用していました。それがトラブルを招いた原因です。

息子さんの主張は正しく、僕の契約違反は明らかでした。非を認めて謝罪してトラブルは解決しました。でも、苦い教訓として今も覚えています。

この失敗を機に、以後、**オーナーとの賃貸借契約では転貸の不可の条項を削り、転貸借同意の条項を入れる**ようにしました。

サブリースと空き家不動産投資の違いとは？

アパート経営で聞かれる**「サブリース」**という言葉をご存じでしょうか？　**サブリースは転貸および又貸し**を意味します。

アパート経営においては、空室や滞納を心配するオーナーに対して、不動産会社などがこの「サブリース」の契約を提案してきます。

この契約は、オーナー所有のアパートなどを不動産会社が一括で借り上げ、第三者に転貸することを条件とします。

転貸した物件の家賃は不動産会社に入り、不動産会社からオーナーに一定の家賃が支払われる仕組みです。

空き家不動産投資とサブリースは大枠では似ていますが、中身は大きく異なります。

サブリースの場合は、不動産会社は空室や滞納の有無にかかわらず、契約で決めた固定の家賃をオーナーに支払い続けます。

家賃が保証されるオーナーは、空室や滞納の心配がなくなるため、安定した賃貸経営が望めます。その代わり、賃料の10~15%を管理報酬として不動産会社に支払わなければなりません。

サブリースは、不動産会社、オーナーともに相応の負担のうえに成り立っているのです。

一方、空き家不動産投資の場合は、84ページで述べたように、**「入居者が決まったらオーナーに家賃を渡す」**という前提になっています。

サブリースだと、空室期間中もオーナーに一定額の家賃を支払わなければなりません。しかし、空き家不動産投資はその負担を背負わずにすみます。**空室期間中は自分の実入りはないものの、オーナーに家賃を支払わなくていいので安心です。**

オーナーにとってもサブリースより空き家不動産投資で転貸したほうが、業者に支払う管理手数料をとられずにすみます。

さらにいえば、サブリースは長期で定額の家賃が保証されるわけではなく、将来的には減額されていくケースが多いというデメリットも潜んでいます。

また、サブリースといえども物件の修繕などはしなければならず、その費用はオーナー側の負担です。

以上、総合的に判断すると、投資家にとってもオーナーにとっても、空き家不動産投資のほうが有利といえるでしょう。

「サブリース」の仕組み

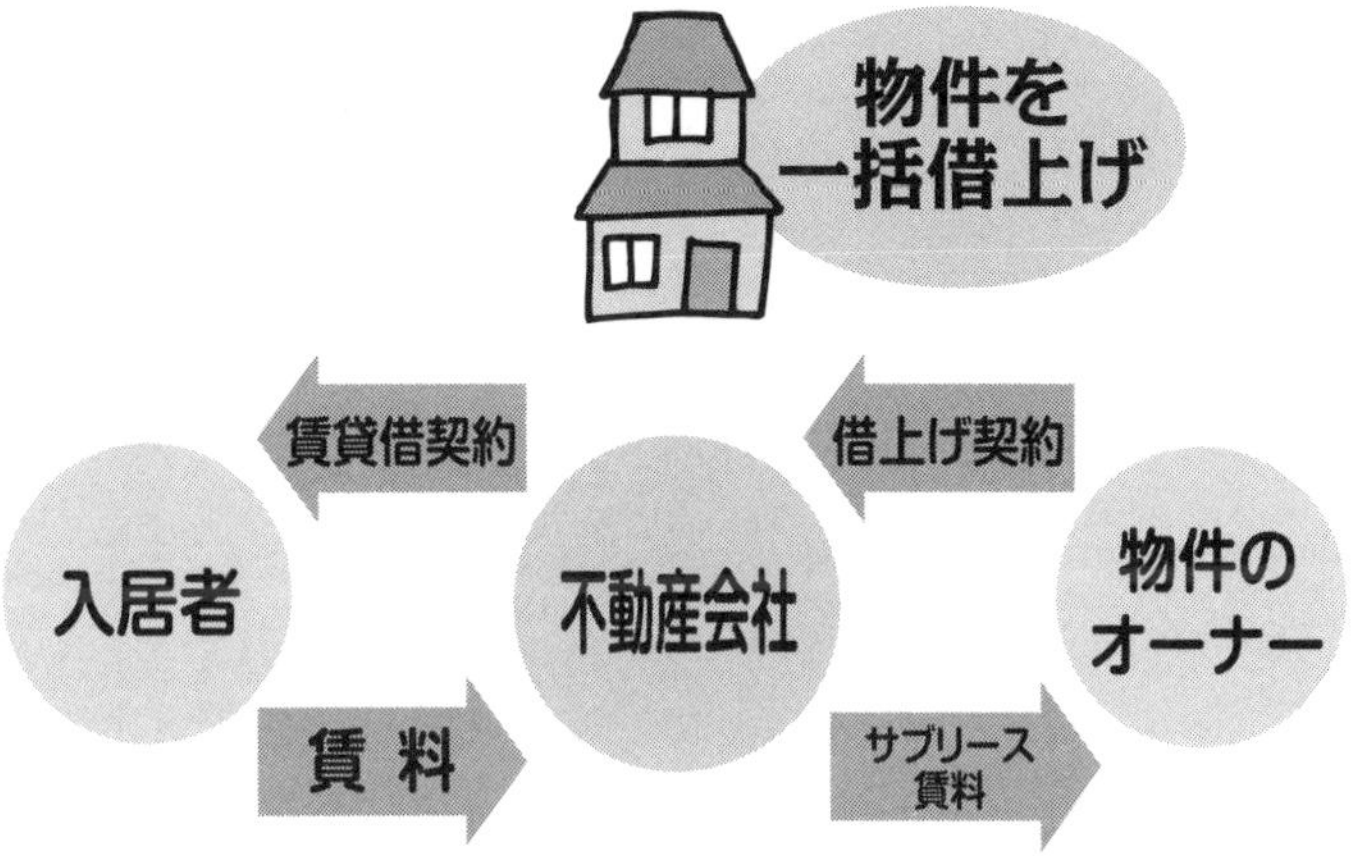

不動産会社は空室や滞納にかかわらず、
契約で決めたサブリース賃料を、毎月
オーナーに払い続けなければならない

◎「空き家不動産投資」のメリット！

「空き家不動産投資」の場合は、空室期間中は、オーナーに家賃を支払わなくていいので安心！

◎オーナーとの家賃配分は半々が基本だが、ほかにもいろいろとパターンがある

オーナーとの賃貸契約書に賃料を明記することで、空き家を借りるために支払う金額が、書類上、正式決定します。

入居者が決まって家賃収入が入ってきたらその金額を支払い、残りが実入りになります。オーナーと僕の家賃配分は、何度か説明したように半々が基本的なパターンです。たとえば、家賃収入が6万円なら、オーナーに3万円、僕も3万円です。

ただしこれはあくまでも基本で、以下のようにいろいろなパターンがあります。

●パターン①

京都市内の一等地に建つ三階建てのビル。

オーナーから月1万1000円で借りて、二階、三階部分（ともに38㎡。一階部分はオーナーの親戚が倉庫として使用）を計6万5000円で貸しています。僕の取り

分は差し引きで5万4000円です。

オーナーに「駐車場程度の広さしかないから、駐車場代くらいでいいよ」といわれ、格安で借りることができました。

●パターン②

京都市内の住宅街にある京町屋風の家屋。

オーナーから月9万円で借りて、9万8000円で貸しています。僕の取り分は差し引き8000円です。

建物は古いものの内部はキレイで手をかける必要がなかったため、オーナーの希望どおりの金額で、支払いが高くなっています。

●パターン③

京都市郊外、高級住宅街にある平屋。

オーナーから月3万円で借りて、同じく3万円で貸しています。

この物件は、オーナーに「3万円欲しい」といわれ、僕も3万円で貸そうと思っていたので、1年間はタダということで了承してもらいました。

1年間は家賃の全額が僕の取り分です。その間に資金回収して手を加え、無償期間終了後は、3万円以上の家賃を取れるようにしようと思っています。

このように、家賃配分のパターンは幅広いです。

傾向としては、建物や内部の状態が良い物件はオーナーへの支払いが多くなり、逆に状態が悪い物件だとリフォームに手間とお金がかかるため、安く借りて損をしないようにするケースが多いですね。

◎入居者と「賃貸契約」を結ぶ

次に、入居者との契約について説明しましょう。

オーナーと僕の契約と同様に、僕と入居者も賃貸借契約を結びます。ただ、このときは僕が物件の貸主で、入居者が借主になります。

使用するのは**「定期借家契約書」**。これもネットなどに載っている契約書を参照して、自分なりの言葉にアレンジして作成しました。

僕が実際に入居者と交わしている書類を113ページから117ページに掲載しています。

賃貸借契約の内容は、特別難しいものではありません。項目に従って必要事項を記載していくだけです。ただし、オーナーと交わす賃貸借契約と記載内容を変えている部分がいくつかあります。

以下、ポイントとなる箇所を説明しましょう。

①「賃貸借条件」

まずは「契約期間」。僕と入居者との契約期間は、オーナーと僕との契約期間より短くするようにしています。

オーナーから物件を借りて入居者に貸しているため、契約期間の調整が必要になるからです。

たとえば、オーナーとの契約期間が3年で入居者との契約が4年だと、仮にオーナーとの契約が更新されなかった場合、入居者は途中で退去しなければいけない事態になってしまいます。

そうならないように、たとえばオーナーとの契約期間が3年なら、入居者との契約は2年にするのです。

②「敷金・礼金」

オーナーとの賃貸借契約では、僕がオーナーに敷金・礼金を支払う形にはなっていません。一方、僕と入居者との賃貸借契約では、入居者から敷金・礼金を1か月ずつもらうようにしています。

礼金はそのまま僕の実入りになり、家賃1か月分の敷金は、修繕や滞納のリスク補てんとして使います。

③「契約条項」

オーナーと交わす契約条項には、転貸に同意してもらう条項を盛り込んであります。入居者と交わす契約条項には、通常の賃貸を目的とすることを条件とし、それ以外の使用を認めない条項を盛り込んでいます。

定期借家契約書（その1）

定期借家契約書

貸主 ＿＿＿＿＿＿＿＿（以下「甲」という）と借主 ＿＿＿0＿＿＿（以下「乙」という）とは、
表記および別表にもとづき定期建物賃貸借契約（以下「本契約」という）を締結した。

平成 26 年 0 月 0 日

(A) 賃貸借の目的物件	名称	0			
	所在地	住居表示 0			
	種類	一戸建住宅	使用目的	住居	
	構造	木 造 2 階建			
	契約面積	現状の通り ㎡	間取り	0	

(B) 賃貸借条件	契約期間	平成 26 年 0 月 0 日より平成 29 年 0 月 0 日まで（ 3 年 0 月）		
	賃料に関する事項		契約に関する事項	
	賃 料	(月額) 0 円	工事代	0 円
	管理・共益費	0 円	清掃費用	0 円
	敷金	0 円		円
	礼金	0 円	鍵交換費用	0 円
	再契約手数料	0 円	火災保険料	別途加入

賃料等の支払方法・期限及び、振込先	0		各月の振込（予定）金額（振込手数料は、乙の負担とする）
			合計 0 円
	持参払	(持参先住所)	
		(氏名) 村上祐章	
	支払期限	翌月分を毎月 31 日（振込先銀行等が休業のときは、その翌日）までに入金の確認ができる前払いとする。	

(C) 入居者	氏名	年齢	男・女	続柄	氏名	年齢	男・女	続柄
	0	0 歳	0	本人		歳		
	氏名	年齢	男・女	続柄	氏名	年齢	男・女	続柄
		歳				歳		
	氏名	年齢	男・女	続柄	氏名	年齢	男・女	続柄
		歳				歳		

定期借家契約書（その2）

甲乙は、本契約の締結を証する為本書2通を作成し、双方これに記名し各1通を保有する。

契約当事者等	氏名	住　　　所
貸主・甲	㊞	0 TEL:　0
借主・乙	0　㊞	〒0 0 TEL:　0
緊急時の連絡先 （保証人以外で）		〒 TEL:

	氏名	住　　　所
連帯保証人・丙	㊞	〒 TEL:

続柄

契約条項（その1）

契　約　条　項

第1条　（賃貸借の目的物）
甲は乙に対し頭書（A）記載の建物（以下「本件建物」という）を賃貸する。

第2条　（契約期間および更新料）
1、契約期間は、頭書（B）記載のとおりとする。
2、本契約は期間満了により終了する。
3、甲及び乙は、本契約が終了後も、協議の上、本件建物について再度契約を締結することができる。
ただし、再契約について、乙が契約期間を1か月未満とすることを希望する場合、
甲は、乙に対し、賃料の他に、再契約手数料として頭書（B）記載の賃料の他に賃料1か月分を請求することができる。

第3条　（使用目的）
1、乙は、本件建物を頭書（A）記載の目的のみに使用することとし、その他の目的に使用してはならない。

第4条　（賃料および管理費・共益費等）
1、乙は、頭書（B）「賃料に関する事項」及び「工事に関する事項」欄記載の金員を、甲に支払わなければならない。
2、1ヶ月に満たない期間の賃料などは日割り計算した額とするが、退去時は日割り計算しない。
3、乙は、解約の申入れをした場合でも、解約の効力が発生する日を含む1か月分の賃料等を支払わなければならない。
4、甲および乙は、次の各号のいずれかに該当する場合には、契約期間中であっても、甲乙協議の上、賃料等を改定することができる。
①土地または建物に対する租税その他の負担の増減により賃料が不相当となった場合
②土地または建物の価格の上昇または低下その他の経済事情の変動により賃料が不相当となった場合
③近傍同種の建物の賃料に比較して賃料が不相当となった場合

第5条　（敷金）
1、乙は本契約締結時に敷金として頭書（B）記載の金額を甲に預ける。なお敷金には利息は付さないものとする。
2、乙に本契約に基づく未払いの債務が生じた場合、甲は任意に敷金を持って乙の債務弁済に充当することができる。
3、本契約終了後、乙が本件建物の明け渡しを完了した時は、 甲は、明渡日より30日以内に
乙の指定先に敷金から未払債務額を差し引いたうえでその残額を返還する。
4、乙は敷金をもって賃料その他契約に基づく債務弁済に充当することを主張することができない。
5、乙は敷金に関する債権を第三者に譲渡、または担保の用に供してはならない。

第6条（保険）
乙は、本件建物における借家人賠償保険に加入しなければならない。
加入する保険会社、プラン等は乙の任意とする。

第7条　（禁止または制限される行為）
1、乙は甲の承諾を得ることなく本件建物の使用目的を変更してはならない。
2、乙は、本件建物の全部または一部につき賃貸借の譲渡または転貸してはならない。
3、乙は、甲の承諾を得ることなく本件建物の増築、改築、移転、もしくは模様替、または本件建物の敷地内における工作物の設置を行ってはならない。
4、乙は、本件建物において次の例示する、危険な行為、騒音、悪臭の発生その他の近隣の迷惑および共同生活を乱す行為や衛生上有害となる行為ならびに本件建物に損害を及ぼす行為等をしてはならない。
ただし、⑤乃至⑧については、甲の承諾がある場合にはこの限りではない。
①鉄砲、刀剣類または爆発性、発火性を有する危険な物品等を製造または保管すること
②大音量でテレビ、ステレオ、カラオケ等の操作、ピアノ等の楽器の演奏を行うこと
③自転車などを駐輪場以外の共用部分に置くこと、および定位置の境界外に駐輪すること
④配水管を腐食させるおそれのある液体を流すこと
⑤石油・灯油ストーブの使用
⑥大型の金庫その他の重量の大きな物品等を搬入し、または備え付けること
⑦階段、段下等の共用部分を占有し、または物品を置くこと
⑧看板、ポスター等の広告物を設置または掲示すること

第8条　（管理義務）
1、乙は、本件貸室および共用部分を善良なる管理者の注意をもって使用する義務を負う。
2、乙は、管理規約・使用細則等を遵守するとともに、甲が本件建物管理上必要な事項を乙に通知した場合、その事項を遵守しなければならない。

契約条項（その2）

第9条　（通知義務等）
1、乙は、つぎの各号のいずれかに該当する場合には、甲または甲指定の管理人に速やかに通知しなければならない。
①乙の氏名・同居人・緊急時の連絡先等及び、乙の連帯保証人に住所・氏名・電話番号等の変更がある場合
②乙が本件建物を長期期間不在にする場合の行先・期間・緊急連絡先等
③本件建物に変更を生じまたは修繕を要する箇所が生じた場合
④乙が法人の場合、頭書の記載事項に変更があった場合

第１０条（立入り等）
1、甲または甲の指定する者は、本件建物の防火、構造の保全その他の管理上特に必要があるときは、あらかじめ乙の承諾を得て、
本件建物に立ち入り点検し、適宜な措置を講ずることができる。
2、前項の規定にかかわらず、甲または甲指定の管理人は、緊急に立ち入る必要がある場合においては、
あらかじめ乙の承諾を得ることなく、本件建物に立ち入ることができる。
ただし、甲は、乙の不在時に立ち入ったときは、立ち入り後その旨を乙に通知しなければならない。

第１１条（修繕）
1、甲は社会通念に従い、本件建物の使用目的に照らし、修繕が不可欠であると判断される事項についてのみ修繕義務を
負うものとする。なお、乙の故意または過失により必要となった修繕に要する費用は、乙が負担しなければなら
2、前項の規定にもとづき甲が修繕を行う場合は、甲はあらかじめその旨を乙に通知しなければならない。
この場合において、乙は、正当な理由がある場合を除き、当該修繕の実施を拒否することができない。

第１２条（契約の解除・消滅）
1、甲は、乙においてつぎのいずれかの事由が生じる場合、相当の期間を定めてその履行等を催告したうえ、
本契約を解除することができる。
①賃料等を支払わなかった場合
②乙が本契約の各条項に違反した場合
③入居の申込みをする際の内容についての虚偽の申し出をしたと認められた場合
2、甲は、乙において本件建物を使用するにあたり、つぎのいずれかの事由が生じた場合、なんらの催告を要せず即時本契約を
解除することができる。
①乙またはその同居人の行為が、近隣に著しく迷惑をかけるものと認められた場合
②乙またはその同居人に覚醒剤、売春などの警察の介入を生じさせる行為があった場合
③乙が甲への通知なしに１か月以上の長期にわたり所在不明となった場合
④乙またはその同居人が、暴力団等の反社会的勢力の構成員またはこれに準ずるものであることが判明した場合
⑤乙またはその同居人が、暴力団等の反社会的勢力にかかわる人間を本件建物に反復継続して出入りさせたり、
近隣居住者の平穏を害するおそれのある行為があった場合
⑥その他本契約を継続し難いほどの重大な背信行為があった場合
3、本契約は、天災、地変、火災などにより本件建物を通常の用に供することができなくなった場合、または将来、
都市計画により、本件建物が取用または使用を制限され、賃貸借契約を継続することができなくなった場合は、当然

第１３条（解約の申入れ）
1、甲及び乙は期間満了前に本契約を解除することはできない。但し、やむを得ない場合、
乙は家賃　ヶ月分の違約金を支払ったうえ、２ヶ月以上前の予告期間をもって
甲に対し本契約の解除を申し入れることができる。この場合、予告期間の満了と同時に本契約は終了する。
2、前項の場合、理由のいかんを問わず、乙は、既に支払われた賃料の返還を甲に請求することはできない。
3、第１項の規定にかかわらず乙は２か月分 の賃料相当額を甲に支払うことにより
即時に本契約を解除することができる。
4、第１項の解約の申入れは、書面によることを要する。

第１４条（原状回復および明渡）
1、乙は、明渡日を事前に甲または甲指定の管理人あてに通知し、立会日を協議したうえ、
本契約が終了するまでに、本件建物を明渡さなければならない。ただし、第12条の規定にもとづき
本契約が解除された場合にあっては、直ちに本件建物を明け渡さなければならない。
2、乙は、前項の場合において、乙の故意または過失により本件建物に生じた損害については、
乙の費用負担で原状回復をしなければならない。
3、甲は前項の規定にかかわらず、乙が本契約が終了し本件貸家を明渡す際に任意に原状回復をしない場合には、
甲の指定業者により、原状回復をすることができる。この場合、甲は補修費用等の実費および消費税相当額を乙に請求できる。
4、本契約終了と同時に乙が本件建物その他付帯設備等を明渡さないときは、乙は本契約終了の翌日から
明渡し完了に至るまでの最終賃料の２倍の賃料相当損害金および諸費用相当額を甲に支払う他、
明渡しの遅延により甲が損害を蒙ったときはその損害を賠償しなければならない。
5、乙は、本件建物の明渡しに際しては、必ず乙の残置物をすべて処理し、
室内の清掃を済ませたうえ鍵等頭書記載の甲から貸与されたものを返還するものとする。
6、乙は、甲に対して、その事由あるいは名目の如何にかかわらず、本件建物について乙が支出した必要費、
有益費の償還、または自己の費用をもって設置した造作設備等の買取り請求ならびに移転料、

契約条項（その３）

立ち退き料等金員の請求を一切行わないものとする。

第１５条（解除通知等の到達先）
１、甲または乙が相手方に対し本契約の解除通知等をなすにあたり、頭書記載の住所あるいは変更届出のあった住所！
通知書類等を発送した場合には、相手方の受領拒絶・所在不明等で到達しなかった場合でも通常到達すべきときに、
その意思表示は相手方に到達したものとする。

第１６条（損害賠償等）
１、乙が賃料・管理費等の支払いを遅滞したときは年14.6%の割合による遅延損害金を甲に支払わなければならない。
２、本契約が終了したにもかかわらず、乙が本件建物の明渡を遅延したときは、
　　賃料の倍額に相当する遅延損害金を甲に支払わなければならない。
３、乙は、乙と他の居住者その他の第三者との間で生じた本件建物に関する損害賠償問題等については、
　　その当事者間で問題を解決するものとし、甲は、これに関与しない。
４、甲が乙に対して行った第1項または第２項の支払いの請求に際し、
　　交通費や郵便代など通常要する費用について、甲は、乙に請求することができる。
５、甲が乙に第１項または第２項に基づく支払いを請求したにも関わらず乙がこれに応じない場合、
　　甲は、当該債権を第三者に譲渡することができる。

第１７条（連帯保証人の責任）
１、丙は、乙と連帯して、本契約から生ずる乙の一切の債務を負担する。
２、乙は、連帯保証人が欠けたとき、または、現在の連帯保証人が適当でないと甲が認めたときは、甲の請求
に従い、直ちに、甲が承諾する者に連帯保証人を変更しなければならない。

第１８条（協議）
甲および乙は、本契約に定めがない事項あるいは条項の解釈について疑義が生じた場合は、民法その他の法令
および慣行に従い誠意をもって協議し解決するものとする。

第１９条（管轄裁判所）
１、本契約に関する訴訟の管轄裁判所は、本件建物所在地の管轄裁判所と定める。
２、甲乙は、乙が家賃を滞納した場合、即決和解による手続きに同意する。

第２０条（特約事項）
１、　乙は、本契約開始後であっても、　年以上入居を継続することを約して、
甲に対し家賃を　　円に減額するよう求めることができる。
ただし、その場合の違約金は　　円とし、本契約とは別に敷金　円を追加することとする。
２、　地震やその他天災によって物件が崩壊し乙が死傷した際、乙は甲に対し損害賠償を請求しない。
３、　乙の退去時に、乙が次の入居者を甲に紹介した場合、
甲と新入居者の契約締結と同時に、甲は乙に対して家賃１か月分を支払う。

◎入居者の家賃は相場より安く設定

空き家不動産投資では、オーナーへの支払い（空き家を借りる金額）を踏まえて、転貸する物件の家賃を設定します。

つまり、オーナーから空き家を借りる金額以上に家賃を設定するわけです。**僕は周辺の相場より安くするのがつねで、なかには相場の半値というものもあります。**

これだけ家賃を安く設定できるのは、空き家不動産投資だからこそです。**「物件を購入しないですむこと」「リフォームにも大きなお金をかけないこと」**から、このような破格の家賃設定ができるのです。

一般的な不動産投資の場合、ボロの戸建てでも購入には100万円や200万円の資金がかかり、リフォームにも100万円単位のお金をかけて再生する投資家がいます。そうなると、資金を回収するために必然的に家賃を高めに設定しなければなりません。

空き家不動産投資の場合はそういった無理な資金回収をする必要はなく、周辺相場より家賃を安く設定しても十分賃貸経営が成り立ちます。極端な話、オーナーに支払う金額より5000円や1万円でもプラスになればOKなのです。

入居者は、多少物件が古くても安い家賃を喜び長く住んでくれます。それが安定した賃貸経営につながるのです。

家賃収入が入ってきてからのお金の流れ

オーナーと僕、僕と入居者で賃貸借契約を結び、家賃収入が入ってきてからのお金の流れを次ページに図で表しました。

まず家賃は、いったん僕が受け取ります。そのお金からオーナーに支払う分を口座に入金し、手元に残るのが僕の取り分です。

オーナーと入居者は、直接のやり取りは行いません。まったくの無関係です。オーナーからの連絡も入居者からの連絡も僕にきて、どちらも僕が対応します。

オーナーは入居者とのやり取りに時間をとられずにすみ、物件を貸すだけで家賃収入が入ってきます。

「空き家不動産投資」のお金の流れ
（月の家賃が４万円でオーナーと折半の場合）

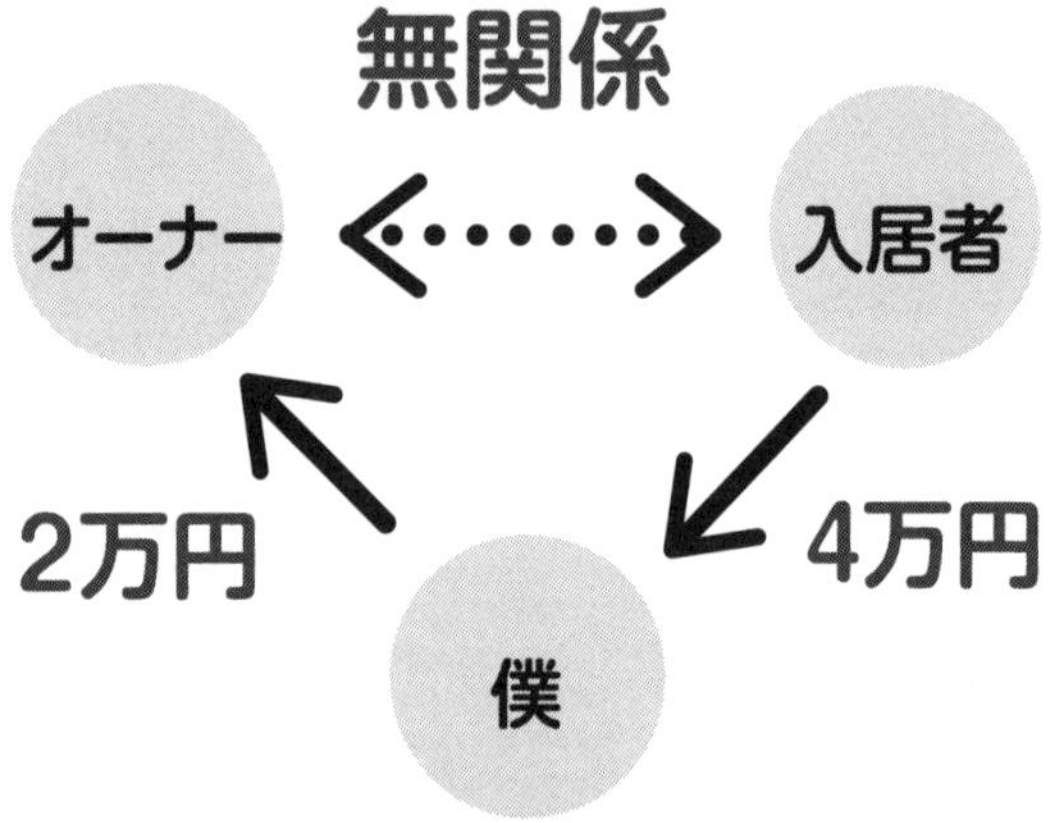

オーナーと僕との契約

・貸主：オーナー
・借主：僕
・入居人：入居者
・家賃：２万円
・目的：転貸用

僕と入居者との関係

・貸主：僕
・借主：入居者
・家賃：４万円
・目的：居住

僕は購入せずにオーナーの物件を活用し、家賃収入を得られます。双方にメリットがあるのです。

空き家不動産投資で得られる1軒当たりの家賃収入は、一般的な不動産投資と比べると少ないかもしれません。

僕の例では、1物件平均1～2万円台。購入のリスクを背負わない分、実入りが少ないのは仕方ないでしょう。

ただ、1物件1～2万円台の家賃収入であっても、そのお金は毎月継続して入ってきます。2物件、4物件、6物件と増えていけば、定期収入も5万円、10万円、20万円と増えていきます。

空き家不動産投資はほとんどお金がかからないため、物件をたやすく増やしていけるのも利点です。気づいたら大きな家賃収入が入ってくるようになっているのです。

「不動産管理委託契約」を結べば万全!

ここまで、オーナーや入居者と交わす契約について説明してきましたが、オーナーとは賃貸借契約以前に、もうひとつ契約を結びます。

契約するのはオーナーが空き家の使用を承諾してくれた時点で、「不動産管理委託契約書」を取り交わします。

この契約は、僕が必要性を感じて取り入れたものです。

オーナーに空き家の使用を許可され、空き家のリフォームと入居者募集をした当初、何の契約も交わしていませんでした。口約束のみです。

口約束でも契約は成立するといわれます。でも、万が一に備えて、何らかの書類を交わしたほうがいいのではないかと思うようになったのです。

というのは、リフォームや入居者の募集をしている最中にオーナーの気が変わり、「やっぱりやめた」となったら、空き家不動産投資が頓挫《とんざ》してしまう危険性があるからです。

それを防ぐ役割を果たすのが**「不動産管理委託契約書」**。この書類もネットなどに載っている契約書を参照して、自分なりにアレンジして作成しました。

「不動産管理委託契約」は読んで字のごとく、オーナーの不動産の管理を僕に委託する契約です。

不動産管理委託契約書

不動産管理委託契約書

……………………（以下「甲」という）と　　　　　　　　　　　　（以下「乙」という）とは、末尾の物件目録記載の不動産（以下「本件不動産」という。）の管理の委託に関して次の通り契約する。

（契約の成立）　第１条　甲は、乙に対し、本件不動産の保存、修繕等の管理を委任し、乙はこれを承諾した。

（特別な費用等）　第２条
第１項　乙は、前条の管理に必要な行為に特別な費用を要する場合、甲に対し、事前に費用の見積もり等を報告しなければならない。
第２項　前項の費用は、甲の負担とする。

（報告義務等）　第３条　乙は、本件不動産の管理上の問題が生じた場合は、甲に遅滞なく報告し、甲の指示に従い、問題の解決に当たることとする。

（金額）　第４条　乙は、本管理委託の際、一切の管理料などを甲に請求しないものとし、半面、甲は一切の家賃などを乙に請求しない。

（期間）第５条　本契約期間は本契約締結日から２年とする。ただし、甲乙いずれにおいても、１ヶ月以前に相手方に文書にて通知することにより、本契約を解約することができるものとし、甲から乙へ解約を申し出る場合は、甲は乙が自主的に負担した工事代を乙に支払い、乙から甲へ解約を申し出る場合は、乙は甲へ本件不動産の賃料に相当する額の使用料を支払う。契約期間満了の際、双方異議なき場合は、以降自動更新するものとする。

（契約の終了）　第６条　甲乙間で本件建物を目的とする賃貸借契約が締結された場合は、本契約は、賃貸借契約の締結日をもって、終了するものとする。

（確認事項）
第７条　甲乙は、次の各号に掲げる内容を確認する。
①
②
③

上記契約の成立を証するため、本契約書２通を作成し、甲乙各１通を保有するものとする。

平成２６年……月……日

甲　住所……………………………………
　　氏名……………………………………印

乙　住所
　　氏名
　　　　　　　　　　　　　　　　　　　印

物件目録
住所……………………………………種類……………………

その中身には、リフォームや賃貸募集を行う一定の期間中、

・オーナーは僕に家賃を請求しない

・僕はオーナーに工事費や管理費を請求しない

といったことが記載されています。

この契約により、僕だけでなくオーナーにも安心してもらえるのです。

そして、入居者が決まったら不動産管理委託契約は失効し、賃貸借契約に切り替えられます。

第4章

これで万全！「空き家」リフォーム術

「直さない」究極のリフォームの技を実践！

不動産投資で中古物件を選んだ場合、リフォームは必須です。物件の築年数が古くなればなるほどリフォームにお金がかかります。

物件をキレイにすることが入居者確保につながると考えれば、ある程度の費用を負担するのは仕方ないのかもしれません。

とはいえ、費用がかかりすぎると投資効率が悪くなります。リフォームを業者に依頼すると往々にしてそうなりがちです。

たとえば、築古の戸建ての全面的なリフォームを業者に依頼した場合、ケースバイケースですが、500万円以上の費用がゆうにかかります。キッチンや風呂、トイレなどの水回り設備の交換はとくに高く、それだけでも100万～200万円もかかったりします。

もちろん、複数の業者から見積もりをとり、リフォーム費用をできるだけ安く抑えることもできます。それでも、中古の戸建てで200万～300万円のお金がかかるのは普通です。

物件の購入自体に数百万円~1000万円台のお金をかけ、これにリフォーム費用が加わるとなると、資金の完全回収はどんどん遠のいていきます。

でも、これは「空き家不動産投資」からしたら、まったく考えられない世界です。

これまで説明してきたように、**空き家不動産投資は物件を購入しません。**空き家を活用させてもらうことで家賃収入が得られるため、リスクを背負って大金を投じる必要がないのです。

そもそも、僕が空き家不動産投資を始めたのはお金がないからであり、物件を購入するなんて思いもしませんでした。

リフォームについても同じです。業者に依頼する頭は最初からなく、自分の手でリフォームを行い、できるだけ費用を安く抑えることを第一に考えていました。

実は当初は **〝タダ〟でリフォームをする**のが理想でした。材木屋に「廃材をください」とかけあったり、高校や大学の弓道部に「不要な畳（矢を射る的の畳）をください」とお願いするなどしていたのです。

でも、思うようにいかず時間を浪費するばかりだったので断念。

その後、リフォームの方法を自分なりにあれこれ試してみて、**安さを追求した空き家リフォーム術**を確立することができました。

前述したように、僕がリフォームにかける費用は多くて1軒10万円程度です。1〜2万円というケースもありますが、平均すれば5万円程度ですみます。

なぜそんなに安くできるのでしょうか？　それは、僕のリフォーム術が〝**直さないリフォーム**〟だからです。

第一の技は「掃除&ゴミの片づけ」

リフォームは直すのが前提です。

「直さないリフォーム!?」

「いったいどういうこと？」

と、みなさん疑問に感じますよね。

直さないといっても、何もしないわけではありません。簡単にいえば、〝最小限の作業ですませる〟ということです。

一般的なリフォームは、入居者がその部屋に住むにあたって、便利さや快適さを念頭に置いて行われます。対して僕が行うリフォームは、**〝住める状態にする〟**ことを目的にしています。

空き家不動産投資自体が特異な方法ですが、僕が編み出したリフォーム術についても従来の常識を覆すものです。

一般的なリフォームとは１８０度異なるため、そのやり方を知るとかなりビックリするかもしれません。

以下、衝撃度が低い順から説明していきましょう。

直さないリフォームの技の第一は**「掃除&ゴミの片づけ」**です。

空き家の内部に足を踏み入れると、長年誰も住んでいなかったため、古くて汚れている印象を受けます。

あちこちホコリまみれでゴミが山積みだったりして、一瞬引いてしまうのが正直なところです。

掃除やゴミの片付けに精を出す筆者

直さないリフォームの技の第一は、
「掃除＆ゴミの片づけ」です！

ただそれは、パッと見の印象に過ぎません。いくら古くて汚れていたとしても、掃除をしたり、ゴミを片付けたりするだけで見違えるようにキレイになるのです。そんな空き家に、僕は数多く出会ってきました。

掃除やゴミの片づけだけですめばどこも直す必要はなく、費用は1～2万円程度ですみます。

第二の技は「隠す」

直さないリフォームの技の第二は**「隠す」**です。

壁、天井、床といった箇所が汚れていて、掃除をしてもキレイにならないケースがあります。そのときにどうするかです。

たとえば、壁や天井が汚れていたり剥《は》がれていた場合、一般的なリフォームでは壁紙を貼り替えます。これを業者に頼むと、たとえば6畳の部屋で最低でも5～10万円程度かかります。その費用を節約するため自分でやろうとしても、そこそこの技術が必要です。

そこで、壁紙の貼り替えなどをせずに隠すリフォームをするのです。

壁の汚れは**「すだれ」**や**「よしず」**を使って隠します。本来は「すだれ」も「よしず」も直射日光を遮《さえぎ》って風通しをよくする道具ですが、その目的では使用しません。

壁の汚れの部分に「すだれ」を掛けたり、「すだれ」より大きい「よしず」を立てかけて覆い隠します。

天井の汚れも同様に「よしず」を貼り付けたり、大きな布を画びょうなどでふわっと貼り付けて覆い隠します。

床の汚れについては、**「ゴザ」**を使って隠します。その部分に「ゴザ」を敷いて完了です。

隠すのは汚れだけに限りません。

たとえば、壁に穴が開いていたとします。大きいものでなければ穴をふさぐのではなく、「よしず」を掛けたり絵を飾るなどして隠します。

ただし、床に穴が開いていたときは隠しません。壁に小さな穴が開いていても家が倒れる危険性は低いのですが、床の穴はふさがないと確実に落ちます。ですから、板

リフォームの「ビフォー」&「アフター」の例

居間

ビフォー

▲まるでお化け屋敷？ 大正時代にタイムスリップしたよう

アフター

▲キレイに片付けて見事に再生！

シンク

ビフォー

▲かつての生活感が漂う荒れ放題のキッチン

アフター

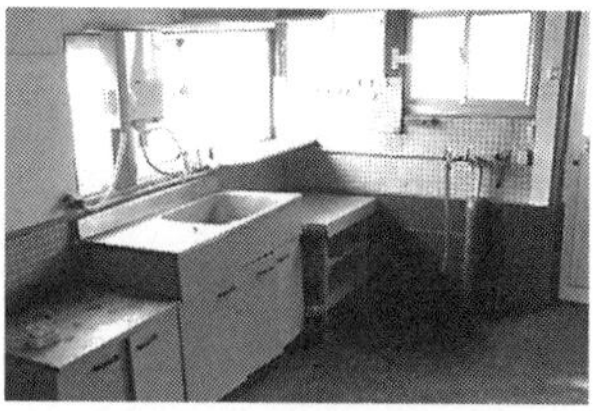

▲キレイに掃除し、床にセメントを塗り、キッチンもスプレーでオシャレなカラーに！

廊下

ビフォー

▲オンボロ空き家の廊下

アフター

▲床にペンキを塗りピカピカに！

を張ってきちんと直します。

危険がなく、住環境として見た目だけが問題の場合は隠して、危険を伴うと判断した場合は修理するのです。

隠すリフォームなら手間がかからず、時間もとられません。「よしず」や「すだれ」といった隠す材料もホームセンターで安く手に入ります。

とはいえ、

「隠すといっても、物件見学の際にバレるのでは?」

と思う人もいるでしょう。

でも、バレてもいいのです。バレるよりも前に、内覧者には壁などの汚れを隠していることをきちんと説明します。納得してもらったうえで入居してもらうのです。その理由は後述します。

◎第三の技は「塗る」

直さないリフォームの技はまだあります。第三は**「塗る」**です。

この技を使うのは、キッチンや風呂・トイレなど水回りが中心です。水回り設備のリフォームは業者に頼むのが一般的です。

しかし、前述したようにバカ高い費用がかかります。僕にはとうてい工面できませんでした。

そこで、ホームセンターで安く売っているスプレーを使い、塗るリフォームを実践することにしたのです。

キッチンのシンクはステンレスの色に合わせて、シルバーのスプレーを使います。シンクが錆《さ》びついていても、一瞬にして目立たなくなります。

風呂・トレイはそれぞれカラフルな色のスプレーを選びます。掃除では落ちなかった汚れも、同様に一瞬にしてその色に染まります。

スプレーを吹き付けるだけなので、特別な技術は必要ありません。誰でも簡単にできます。しかも、かかる費用はスプレー代だけです。

掃除やゴミの片づけに、隠す＆塗るのリフォームを行い、危険な箇所をいくつか直したとしても、トータル最大10万円で収まります。

リフォームに200万、300万を投じる不動産投資家もいますが、それと比較したら格段の安さです。

10万円しかかからなかったら、オーナーへの支払いをすませ、家賃1万円の実入りでも10か月で回収できます。家賃2万円の実入りであれば5か月で回収です。

投資効率の良さはいうまでもないでしょう。

◎「竹ぼうき」と「スノコ」を使ったリフォーム秘技

見た目をよくするのが僕のリフォーム術のポイントです。

部屋の壁に「すだれ」が掛けられていたり、「よしず」が置かれていたら、パッと見で「何だかオシャレだなあ」と感じてもらえます。

天井に貼られている布も、見方によっては、室内をアジアンテイストに映し出してくれます。

また、キッチンのシンクがシルバーに輝き、風呂・トイレはカラフルな色だったら、目を引くことは間違いないでしょう。

さらなる技として、次の2つの材料を使って高級感を演出したリフォームをすることもあります。

使うのは**「竹ぼうき」**と**「スノコ」**。これまた本来はリフォームに使用する道具ではありませんが、ひと工夫することにより、どちらも空き家を見違える雰囲気に変えてくれます。

まず「竹ぼうき」から。

竹ぼうきは通常、落ち葉などを掃くところを活用します。竹の穂が多数束ねられている部分です。

針金で束ねられているので、その針金を外して使います。針金を外すときはケガをしないように注意してください。

この竹の穂を外壁に張り付けていくだけです。すると外から見たときに、高級な料亭のような佇《たたず》まいになります。

竹ぼうきはホームセンターで購入できます。何本か必要ですが、1本数百円なので、

これぞリフォーム秘技！

「竹ぼうき」を活用した例

「スノコ」を活用した例

「すだれ」を活用した例

大きな負担にはなりません。

次に「スノコ」について。

スノコは、流しや風呂場などに敷くものとしてお馴染《なじ》みです。そのまま使用するか、ノコギリで切って活用します。

主に、道路に面した窓の部分に取り付けます。それだけで京都の町家格子《まちやごうし》のイメージに変身します。

スノコもホームセンターで購入できますし、100円ショップでも売られていて簡単に手に入ります。

「竹ぼうき」と「スノコ」、どちらもリフォームグッズとしておススメですよ！

◎直さないことが付加価値になる？

前に述べたように、僕が行うリフォームは、住める状態にすることを目的にしています。正直、快適な暮らしを提供するとはいえないかもしれません。

直さずに見た目をよくして、住環境を提供するレベルでよしとしているため、「隠す&塗る」といった作業をしています。

ただ、隠しているのは見え見えですから、物件の内覧者が来たときに包み隠さず話します。その際、どのように説明するかがすごく重要です。

申し訳なさそうに、「実は壁に汚れや穴があるので、それをすだれなどで隠しているんです……」というのはNG。これでは相手が引いてしまい、まず入居してもらえません。

では、どう説明するのがいいのでしょうか?

それは、マイナス面はきちんと伝えるのです。ただし、マイナス面をただ
さらすのではなく、プラス要素に変えて話すのがポイントです。

たとえばこんな感じです。

「壁に汚れがあってすだれで隠していますが、それはあくまで応急処置です。この空き家は〝リフォームフリー〟です。壁も天井も床も、あなたの好きに直してもらってかまいません」

どうですか? 何だか魅力を感じませんか? **つまり、直さないことを付加価値と**

してアピールするのです。

読者のなかにも、「ＤＩＹ（日曜大工）が好きです」「趣味にしています」という人も多いでしょう。周りを見渡してもそういう人がひとりや二人必ずいるのではないでしょうか。

ＤＩＹが好きな人は、リフォームにも高い関心をもっています。ただ、マンションなどの賃貸物件に住んでいると、勝手にリフォームをするわけにはいきません。

そんななか、**「貸家なのにリフォームし放題！」「部屋の模様替えや付け棚ＯＫ！」**というのは大きな魅力ですよね。

このように「リフォームフリー」がセールスポイントとなり、入居者確保につながるわけです。

実際、物件に入居してもらった人の多くはＤＩＹ好きで、みなさん、壁紙を貼り替えたり、床をクッションフロアにしたり、棚をペンキで塗ったり、自分好みのリフォームを実践しています。

なかには、１００万円単位のお金をかけてリフォームをする人もいます。その費用は入居者負担。僕からしたらありがたい限りです。

「一緒に家をつくりましょう!」というスタンス

一般的な不動産投資の場合、物件の貸主と借主は相対する関係です。

貸主は「物件をキレイに使うように」と暗に目を光らせ、一方の借主は「細かいことをいわれるのは嫌だなあ」と腹のなかで思っていたりします。

そんな敵対するような関係は、賃貸運営にマイナスでしかないでしょう。

僕は、

「どんどん部屋のリフォームをしていいですよ!」

と公言し、これに対して入居者は、

「リフォームが思いどおりにできてうれしい!」

と感じるので、思いが共鳴して良好な関係を築けます。

もっというと、入居者に対して**「一緒に家をつくりましょう!」**というスタンスで接しているのです。

僕のほうで直接作業するわけではないのですが、リフォームの道具や材料を無償で提供するなどして、入居者をバックアップしています。

実をいうと、空き家不動産投資を始めた当初は、自分でリフォームの作業を行っていました。

でも、再生を手がける物件数が増えてくると、あっちもこっちもというわけにはいかなくなります。オーナー探しや交渉、契約手続きなどもあり、手が回らなくなってしまったのです。

そこで応急処置の直さないリフォームを思いつき、それをウリにして入居者にリフォームをしてもらおうと考えました。

結果は予想以上に反響があり、ＤＩＹマーケットの大きさを実感しました。と同時に、以後僕がやるのは最低限のリフォームですんだため、どんどん物件を手がけられる好循環につながっています。

家賃の安さと間取りの広さが武器になる

「最低限のリフォームでよしとするのはＤＩＹ好きの人だけで、普通の人には受け入れられないのでは？」

と思う人もいるかもしれません。

たしかにその一面はあります。入居者に手間を押し付けることになるため、二の足を踏む人もいます。ただ、最終的には応急処置のリフォームを納得してもらえます。

なぜか？

それは、**空き家不動産投資で提供する物件は、周辺の他の物件と比べて家賃の安さや間取りの広さが際立っている**からです。

第5章でも詳しく説明しますが、たとえば、京都市内で駅周辺の戸建てを借りようとした場合、家賃相場は7～8万円台、部屋数は3室程度が一般的です。

これに対して、同じエリアで僕の手がける空き家賃貸の場合、家賃は相場の半分程度の3～4万円台、部屋数は3室以上のものが主流です。どちらが好まれるかは、おのずとわかるでしょう。

応急処置のリフォームは、ある意味マイナス要素です。でも、その**マイナス面を覆い隠すメリット、それがありえない家賃の安さと間取りの広さで、大きな武器となる**のです。

しかも、建物の古さなど多少の難はあっても住む分には困りませんから、「家賃が安くて広いほうがいい」と考えますよね。

それでも、壁紙を貼り替えてほしい、床を張り替えてほしいなど、入居希望者にリフォームを頼まれるケースもあります。本来なら依頼に応じるべきですが、僕はあえて応じません。

「この空き家は、みなさんにリフォームを楽しんでもらうために直していません。リフォームはご自身でお願いします！」

ときっぱりいいます。

その代わり、「家賃をもうちょっと下げますよ」とフォローします。家賃がさらに安くなるのなら「まあいいか」と思う人も多いですよね。

無下に断るのではなく、このようにいい方をうまく工夫するのです。

リフォームなしで家賃をゲット！

直さないリフォームは最低限のリフォームを意味します。極論をいえば、**まったく**

何もしないで物件を貸すことも可能です。

たとえば、オーナーから借りた空き家を倉庫として貸せば、とくにリフォームなどせず月いくらかの家賃収入を得られます。

右から左で一切手間なし！

そんな究極のリフォーム（!?）で成功した物件があります。京都市内でカフェをやりたいという人がいて、話を聞いたのが事の始まりでした。

その人は賃貸テナントを月10万〜15万円で借りて、内部を全部壊して自分好みのカフェにつくり替えたいといっていました。

この話を聞いたとき、僕は違和感を覚えました。

「キレイな物件を月10万円台で借りて、それを壊してカフェにするなんてもったいない。それだったら、ボロい物件を安く借りて、同じように壊してカフェにしたほうがいいのでは……」

と。これを相手に伝えると「言われてみればそうですね」と納得。

そこで僕は、京都市内のボロい空き家を提供しました。どうせ壊すので、掃除もせずにそのままの状態で貸すことにしたのです。

オーナーから月2万円で借りたものを月3万円で貸し、差額の1万円が僕の実入りになりました。何もせずに1万円ですから御《おん》の字でしょう。

しかもこのときは、僕がカフェの工事も引き受けたため、業者に依頼した差額分が儲けとして入ってきました。

頭をちょっと使ってアイデアを引き出せば、リフォームなしの賃貸業で稼ぐことができるのです。

「リフォームフリー」で家賃がどんどんアップしていく!

リフォームなしで成功した例をもうひとつ紹介しましょう。

一般的な不動産投資の場合、入居者が退去すると、壁紙の貼り替えなど原状回復するためのリフォームを余儀《よぎ》なくされます。

物件の価値を維持するには原状回復しなければならず、10万や20万のお金が吹き飛んでしまうのが普通です。

しかし、空き家不動産投資でリフォームフリーをウリにした場合、原状回復をしなくてすみます。入居者に自由にリフォームしてもらうのが前提なため、何もせずに提供することもよしとなります。

その結果、**入居者が退去するたびに物件の価値が上がっていくケースがたまにある**のです。

京都市郊外の住宅地に建つ空き家を手がけたときがそうでした。現在、3人目の入居者に貸している古民家風の物件です。

僕は、この物件をオーナーから7万円で借りて、ひとり目の入居者のAさんに7万9000円で貸しました。

Aさんは、コンセントなど電気関係の設備を全部直してくれたのですが、サラリーマンだったことから、会社の都合で退去となりました。

2人目の入居者は、その物件でカフェを始めたBさん。古民家風の建物がカフェにピッタリと思ったのでしょう。

Aさんのおかげで電気関係が整備されたため、Bさんには8万4000円で貸すこ

「リフォームフリー」にして家賃がだんだんとアップ！

1人目

▲普通に住まいとして利用（家賃月７万9000円）

２人目

▲カフェに改装（家賃月８万4000円）

UP!

３人目

UP!

▲ご飯屋さんに業務転換（家賃月９万4000円）

入居者が自分でリフォームしてくれて、
魅力ある部屋にどんどん様変わりした！

とができました。

Bさんは100万円近い資金を投じて、カフェに改装したようです。僕も何度か足を運びましたが、オシャレな雰囲気に様変わりしてビックリしました。しかし、カフェの経営がうまくいかず、退去となりました。

そして、現在の入居者はCさん。Cさんはカフェから業態転換し、ご飯屋を営んでいます。繁盛している様子ですから、当分退去はないでしょう。

Bさんが資金を投じて物件がオシャレになったため、Cさんには9万4000円で貸しています。


このように、入居者が変わるたびにそれぞれの手が入り、物件がキレイになって価値が上がっているのです。

それと同時に、家賃は7万9000円→8万4000円→9万4000円と徐々にアップ。一方で、僕のオーナーへの支払いは7万円と変わっていません。

ですから、僕の実入りだけが9000円→1万4000円→2万4000円と増えているわけです。

ボランティアにリフォームを任せる

僕はもともと手先が器用なタイプではなく、リフォームに自信はありませんでした。ＤＩＹを趣味にしていたわけでもないため、最初の頃はしぶしぶ自分でリフォーム作業をしていました。

その後、手が回らなくなって直さないリフォームを思いつき、負担は大きく軽減されました。このとき、リフォームの負担を軽くする別の方法も編み出しています。「何とか自分でリフォームをせずにすむ方法はないか？」と考え、行き着いた作戦。それが**「ボランティアを募って作業を任せる」**やり方です。

僕と違ってＤＩＹが好きで、リフォームに興味をもっている人はたくさんいます。でも前述したように、マンションなどの賃貸物件に住んでいると、なかなかリフォームに取り組めません。

そういったＤＩＹ好きの人たちに空き家のリフォームを手伝ってもらおうと思いついたのです。リフォームボランティアの募集は地域紙や街の広報誌で行いました。

「空き家のリフォームに興味がある人募集。DIYで一緒に汗を流しませんか！」

といった文章をつくって投稿しました。

今はブログやツイッター、フェイスブックなどがあるので、インターネットで募集するのもいいでしょう。毎回、数人のボランティアが集まり、みなさん楽しく作業をされています。僕は指示するだけですみますから大助かりです。ボランティアなのでお金もかかりませんしね。

◎入居者が職人になって活躍してくれる

リフォームの内容によっては、素人では難しいケースも出てくるでしょう。業者や職人に依頼したいところですが、高い費用がかかると思うとどうしても躊躇《ちゅうちょ》してしまいますよね。そんなとき、僕は強力な助っ人にお願いするようにしています。僕のごく身近にいる人物です。誰だかわかりますか？

実は、ＤＩＹ好きの入居者のひとりに頼んでいるのです。その人には入居者兼リフォームスタッフとして活動してもらい、これまで何軒もの物件のリフォームをお願いしてきました。

僕はその人のことを「ギターマン」と呼んでいます。40代の男性で、普段は路上でギターを弾いているからです。素人とはいえ、リフォームの腕前はＤＩＹ好きの範疇《はんちゅう》を超えた職人レベル。なので安心して任せられます。

ギターマンがリフォームを引き受けるのにはそれなりのワケがあります。ギターマンは入居者として、僕に月7万4000円の家賃を払っています。一方、僕がギターマンにリフォームの報酬として手渡すのは、多いときで月7～8万円くらいになります。

つまり、作業を請け負うとギターマンは家賃がタダになるのです。だからこそ喜んで引き受け、一生懸命頑張ってくれます。

1棟丸ごと貸したボロアパートをリフォームして家賃収入を得る「ギターマン」

さらにいうと、ギターマンは〝プチ大家さん〟の顔ももっています。僕が提供したボロアパートに住み、自分が住む部屋以外を人に貸しているのです。

提供したのは、京都市内の1Kの部屋が17室あるアパート1棟。駅からは遠いですが、高級住宅街の中に建っています。物件のオーナーから1棟7万円で借り、リフォームを一切せずに7万4000円で貸しているので、差額の4000円が僕の実入りです。

ギターマンは17部屋あるボロアパートのひと部屋に住み、残りの16部屋を自らコツコツ、リフォームし続けています。

現在5部屋のリフォームを終えて家賃2万円で入居者が住んでいるそうですから、家賃収入は今のところ月10万円。残る部屋を直して入居者が付けば、トータル月32万円の家賃収入になります。

ギターの路上弾き語りだけでは、生活は苦しかったはずです。実際、ギターマンもそうこぼしていましたし、それまでは、フリーターと変わらない不安定な毎日だったでしょう。

それが一転、DIYの腕を活かして〝プチ大家さん〟になれたことで、ギターマンは大喜びしていますよ！

第5章

入居者募集の方法と管理について

知恵と工夫で満室経営を実現！

空き家のリフォームが完了したら、いよいよ賃貸物件として入居者に貸し出すことになります。リフォーム作業と並行して入居者募集も進めるので、リフォーム完了後、スムーズに貸し出せるのが理想のパターンです。

物件を確保してリフォームが終わっても、入居者が確保できなければ家賃収入は入ってこないですからね。

入居者募集は、定期収入を得られるかどうかの生命線となるため、僕なりに知恵と工夫をこらしてきました。

この章では、その方法を中心に詳しく説明します。

まず、入居者を募集する前に、物件の家賃を設定する必要があります。一般的な不動産投資の場合、周辺の家賃相場を調査してそれと同等か、少し安く設定するのが普通です。

一方、**「空き家不動産投資」の場合は、周辺の家賃相場の半分程度でも十分もとがとれます。**何度も述べてきたように、物件を購入せず、リフォームにも多額のお金をかけていないからです。

僕の例では、**周辺の家賃相場の半分や半分以下の設定が基本**です。驚きの安さですから、入居者募集の際には大きなアピール材料になります。

◎家賃設定は簡単。オーナーに払う金額以上に設定すれば儲かる

そもそも空き家不動産投資では、家賃を決める際に周辺の相場をそれほど意識しなくてもいいと思います。**もっとも意識すべきなのは、空き家を借りるためにオーナーに支払う金額**です。

たとえば、オーナーへの支払いが月1万円だったとしましょう。この場合は、最低1万円以上の家賃をとれれば収入につながるので、その金額を基準に考えればいいのです。

仮に、3万円の家賃で入居者を募集して反応が悪かったら、2万8000円、2万5000円とだんだんと下げていきます。最低1万円を切らなければ損することはありません。

このように、ボーダーラインがハッキリしているので損得が見極めやすく、家賃をコントロールしやすいのです。

物件チラシのポスティングで入居者を募集する

では、本題の入居者募集についてです。

物件の管理を不動産管理会社に任せると、その管理会社が入居者募集を行います。しかし、僕はその選択をとらず自主管理にしているため、入居者募集は自分でやっています。

メインの方法は、物件チラシのポスティングです。チラシには物件写真を載せ、家賃や間取りなどを記載。家賃の安さや物件の広さをアピールし、**驚きの特典**も設けて人

ポスティング用の物件チラシ

一軒家、貸します。　大阪一の激安で！！

広すぎの６室　42,000円

敷金1ヶ月　礼金1ヶ月　※保証料とか管理料とか仲介手数料とか、その他のややこしい費用は一切無し！

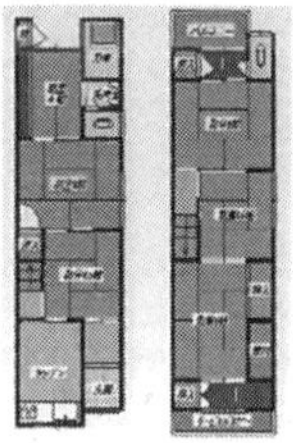

年収499万円以下なら誰でも使える特別優遇住宅　東大阪市[redacted]駅徒歩12分
おしゃれな外観、白とオレンジの斬新なキッチン。コンビニすぐ。トイレ2つ。　きれいなお風呂。

☆すごい条件をそろえました☆

1　大阪府民の方に限り、**引越を無料サービス**します（軽トラ１台分を２往復まで）！！

2　**中古の原付をプレゼント！！**（条件有り）

3　**無職**・生活保護の方でも**OK！**（一定条件有り）

4　インターネット開設は無料！　5　敷金 礼金 は分割ご相談可能！！

6　ペットも商売もOK！！　7　入居後の自主改装も許可されます☆

8　お友達同士などシェアも自由！

、、、　さすがにすごいでしょ？？

Q: なぜそんなに安いの？
A: 今年の夏に改装していましたが、少々ボロさが残っています。安い家賃にするため、改装をほどほどにおさえました。ほかに、安くなる理由はありません。以前お住まいの方は今もお元気で、ご近所も良い方ばかりです。

目を引くようにしています。

チラシは、ただ闇雲《やみくも》にポスティングしても意味がなく、投函する地域や住宅をしっかり選定することが大切です。そうしないと、投函したのに入居者確保にまったくつながらなかった、という事態になりかねません。

以下、効果的なやり方を解説しましょう。

たとえば、入居者を募集する物件が大阪市某区にあったとします。このとき、チラシを投函する地域はその某区内です。

問題は、**「某区内のどんな住宅をターゲットにするか」**です。貸し出す物件よりも家賃が同等かあるいは高く、間取りなどグレードも低い住宅に絞るのがポイントになります。

仮に、貸し出す一軒家を家賃3万円と設定し、間取りは部屋数3のバス・トイレ付きだったとしましょう。

その際、チラシを投函するのは家賃3万円かそれ以上の賃貸アパートで、ワンルームの風呂なしのところなどに的を絞ります。

みなさんだったら、どちらの物件に住みたいと思いますか？　聞くまでもありませんよね。家賃はそれほど変わらないか、さらに安くなるのに、一方はワンルームの風呂なしで、一方は３部屋もある一軒家でバス付き……。

多くの人は一軒家のほうに惹《ひ》かれ、ワンルームからグレードアップしたいと考えるはずです。

敷金・礼金分割払い、ペット可など特典を付けてハードルを下げる

住まいを変えるには、金銭面の問題や引っ越しの煩《わずら》わしさなどを伴います。そのハードルを下げることも重要です。

そこで、チラシに記載する特典が意味をもちます。幅広い特典を設け、入居時のハードルを下げているのです。

まず、初期費用の負担を軽くするため、敷金・礼金の分割払いに応じています。敷金・礼金を１か月ずつの低い設定にしているのもそのためです。

また、一定の条件はあるものの、無職の人や生活保護者の方の入居もOKにしています。加えて、ペット可や友達同士などシェアも認めています。

いちばん効果的な特典は「引っ越し無料サービス」！

そして、いちばんの目玉といえるのが**「引っ越しを無料サービスする」**ことです。引っ越しがタダとなれば、一気にハードルは下がります。

アルバイトを雇って任せるので一時的にはマイナスです。でも、家賃収入が入ればすぐにペイできます。

また、最寄り駅から遠い物件には、**自転車や原付バイクをプレゼントする**ケースもあります。駅から徒歩15分以上などだと敬遠されがちですが、引っ越しと同じく、入居者にとっての問題を解決して、デメリットを打ち消す作戦です。

このように、さまざまな特典を付けることにより、契約に傾いてもらえる可能性が高くなるのです。

なお、チラシの作成やポスティングは専門の業者に任せています。1回のポスティングで約1万部のチラシを刷り、印刷代とポスティング業者への支払いを含め、費用は5万円くらいですみます。

物件への貼り紙は次につながる

貸し出す物件に手書きの貼り紙をして、入居者募集をすることもあります。

貼り紙に記載するのは、前述したチラシの内容と同じです。家賃や間取りなどアピールしたい点を厳選して盛り込み、問い合わせ先の携帯番号やメールアドレスも書いておきます。

貼り紙の場合、基本的には物件の前を通った人にしか見てもらえません。そのため、チラシのポスティングと比べると反応は鈍いでしょう。

ただ、わずかであっても住まいを探している人から連絡がもらえますし、その人の携帯番号やメールアドレスを入手できるのは大きな収穫です。

というのは、仮に契約にいたらなかったとしても、**連絡先がわかれば新たな物件を紹介することができて次につながる**のです。

そうやって潜在的な入居者の情報を集め、貸し出し物件が出るたびに案内するようにしていました。

一方、88ページで紹介した**「ジモティー」というサイトを使って入居者を募集する**のもひとつの方法です。

ジモティーでは、個人が直接同サイトの掲示板に賃貸物件情報を載せ、入居者を募ることができます。

東京なら東京、大阪なら大阪と、地域ごとに掲示板が分かれているので、物件の該当地域での入居者募集を手軽にできるのです。一度、ジモティーのサイトをのぞいてみてください。

面倒な物件案内に立ち合わないですむ方法

物件に興味をもった人は、自分の目で確かめるために内覧を希望します。自主管理の場合、内覧の対応も大切な仕事のひとつです。

不動産管理会社に任せている場合は、その会社の営業マンが内覧希望者をクルマに乗せて物件を案内するのが一般的です。僕も当初はそうしていました。

しかし、内覧の同行には手間や時間をとられます。ひとり案内してすぐに契約となればいいのですが、そううまくはいきません。契約にいたるまでには何人か案内しなければならないのです。

手間や時間を最小限にとどめ効率的に物件案内するにはどうしたらいいのか、あれこれ考えた末に思いついたのは、次の２つのやり方です。どちらも、僕が内覧に立ち合わなくてすむため、手間も時間も一切とられません。

①物件のカギを隠しておく方法

内覧希望者から連絡が来たら、**「カギはポストのなかに入っているので、ご自由に内覧してください」**と伝えます。

それと同時に、内覧終了後、もとの場所にカギを戻してもらうようにお願いすればＯＫです。

防犯上、カギの隠し場所がずっと同じなのが嫌な人は、定期的にカギの場所を変えればいいでしょう。

また、物件を〝フルオープン〟にしておく方法もあります。つまり、カギをかけずに事実上のオープンハウスにしておくのです。

物件のカギはいつでも開いている状態なので、内覧希望者から連絡が来たら、「どうぞ、ご自由に内覧してください」とだけ伝えます。1日のうちに内覧希望者が複数いるときは、時間帯をずらすようにしています。

ただしこのやり方は、治安の悪いエリアに物件がある場合はおススメできません。僕の例では不審者が入り込むようなケースはありませんでしたが、危険だと思ったらカギを隠す前者の方法をおススメします。

②POPを貼って物件をアピールする

不動産管理会社の営業マンが物件を案内する際は、内覧者にあれこれ説明してアピールする役割も担います。

しかし、自主管理で僕のように内覧に立ち合わないとなると、そのような機会をもてません。物件のよさを伝えられないと、契約してもらえるチャンスを失うことになりかねないでしょう。

そこで編み出したのが**「POP作戦」**!。

物件の室内にアピールしたい情報をあらかじめ紙に書いて貼っておき、内覧者に見てもらうのです。POPは物件によって異なりますが、たとえば次のような内容を記載します。

・よく見ると、とてもオシャレな造りです!
・トイレもお風呂も新品です!
・エアコンがとても効きます!
・ご近所の人はやさしい人ばかりですよ!

物件のアピールは独りよがりになりすぎず、**内覧者が気になる情報を先読みして提供するのがポイントです。**

また、文字情報だけでなくウサギやクマなどの可愛らしいイラストを添え、親しみやすくします。このPOP作戦は十分効果を発揮していますよ。

以上の2つの作戦を敢行し、内覧者が何か聞きたければ直接電話をしてもらうよう

「POP 作戦」で室内をアピール！

▲こちらは物件の玄関に備えた貼り紙

にしているので、今となってはわざわざ内覧に立ち合う必要性を感じていません。

5人案内して5人が契約希望の失敗例

不動産投資をしている知り合いによると、物件の内覧者が5人いたとして、そのうちひとりと契約できるのが一般的のようです。

僕も5人案内して、ひとりと契約できるパターンが多いです。内覧に立ち合わず、POPだけのアピールですませているので負担は大きく違います。効率のよさでは、僕のやり方のほうが勝っているでしょう。

ときには、5人案内して5人から契約したいと連絡が来るケースもあります。喜ばしいことですが、家賃を安く設定しすぎたともとれるのです。

逆に、家賃を高く設定しすぎて、10人案内してひとりも契約にいたらないケースもあります。内覧者はもっと安い家賃を想定していたのです。

当初はこのような家賃の設定ミスをよくしていました。でも、経験を積むうちにその失敗は減ってきました。

家賃の設定は、前述したとおりオーナーに支払う金額をベースに考えることが第一です。そのうえで物件の状態や利便性などを踏まえ、オーナーへの支払いにプラスして**欲張りすぎない金額を設定**します。僕の場合、基本2万円プラスになれば御《おん》の字だと思っています。

欲張ってそれ以上の金額で家賃を設定すると、入居者が決まらないことも少なくありません。

入居者にとって、家賃は契約を左右するいちばんの判断材料です。入居者あっての家賃収入ということを忘れないでください。

◎入居者にとくに条件は設けず、「誰でも受け入れる」が基本姿勢

賃貸情報誌などを見ると、「女性限定」「ペット不可」といった条件が掲げられているのをよく目にします。

オーナーの意向でそうしているわけですが、厳しい条件を設けると入居者が限定さ

れ成約率は下がります。

僕は、入居者を選り好みするようなことはしません。基本的には**どんな人でも受け入れるスタンス**です。

物件チラシのところで紹介したように、無職や生活保護者であっても条件次第で受け入れます。そういった人はまとまったお金をもっていないため、敷金・礼金の分割にも応じています。

また、ペットを飼っている人や外国人の入居もＯＫ。どちらも賃貸物件では敬遠されがちなので、入居が決まる確率は高くなります。とくに最近はペットとの同居を望む人が増えていて、「ペット可」とすると反応はいいですね。

◎無職や生活保護者の人もＯＫ！

どんな人でも受け入れたいものの、「無職や生活保護者の人までは受け入れがたい」と考える人もいるでしょう。

僕も最初は、こういった人たちには抵抗がありました。家賃を払ってもらえるかどうか心配だったからです。

でも、いざ解禁してみると家賃を滞納するようなことはなく、きっちり払ってくれるのでかえってビックリしています。

無職の人の場合はできるだけ早く職に就くことや、早々に職に就くのが難しければ、生活保護を申請するなどを条件にしました。

生活保護者の場合は、生活保護費から家賃を払ってもらえます。生活保護費とはいえ毎月定期的に収入があるので、その分、家賃滞納リスクは低いといえるかもしれません。

サラリーマン投資家でも、自主管理が十分できる

賃貸経営の管理業務は多岐に渡ります。ここまで説明してきた入居者募集に始まり、内覧や契約、トラブル対応、退去後のリフォームなどまで、幅広い業務をこなさなければなりません。

サラリーマンの場合、平日は仕事で自由になる時間は少ないため、物件の管理を不動産管理会社に任せるのも仕方ないと思います。

ただ、その際には管理手数料がかかります。通常、管理手数料の相場は家賃の5％です。家賃が5万円なら2500円の負担で毎月の出費になります。

この管理手数料を支払いたくないなら、僕のように、**自分で物件の管理業務を行う自主管理**を選択すればいいでしょう。

僕は70軒の賃貸物件を自主管理しています。70軒もあると対応に追われそうですが、55ページでも述べたように、入居者から水漏れなどトラブルの電話がかかってくるのは週に1～2件程度。

修繕については、その内容を職人に伝えて対処してもらえばいいので、とくに大きな負担にはなりません。

また、前述したとおり、入居者募集は物件チラシの配布を業者に依頼していますし、内覧にも立ち合っていません。

退去後のリフォームについても、直さないリフォームをウリにしているため、お金も手間もかからずにすみます。

僕は専業で空き家不動産投資をしていますが、物件の管理業務にとられる時間は週5時間程度にすぎず、あとは自由に好きなことをしています。

ですから、**サラリーマンの人でも自主管理は十分可能**だと思います。

◎入居者自身がシロアリ駆除を喜んでやってくれる裏ワザとは？

自主管理は、何から何まで自分でやらなければならないわけではなく、やり方次第でいくらでも負担を軽くできます。

たとえば、入居者から「シロアリが出たので駆除してほしい」と電話がかかってきたとします。

こういったケースでは、専門の駆除業者に頼むのがセオリーでしょう。しかし、高い費用を負担しなければなりません。

そこで僕の場合は、**入居者自身に駆除をお願いする**こともあります。ホームセンターに行けばシロアリ駆除剤が売られています。それを購入して自らスプレーしてもらうのです。

入居者にはシロアリ駆除剤の領収書を送ってもらい、購入費用は僕の負担。さらに**「手間賃として、今月の家賃から５０００円引かせていただきます」**などと話すと、みなさん、快く承諾してくれます。

害虫の駆除や簡単な修理ですむことは、業者に依頼せず、入居者にお願いするのもひとつの方法です。

そのお礼として当月の家賃を安くするなどすれば、入居者はうれしいですし、僕のほうも負担が減ってラクになります。

お互いハッピーなわけです。

◎長く住んでもらえる2つの理由

入居者に長く住んでもらいたいのは、不動産投資家共通の願いです。長く住んでもらえば家賃収入が継続して入ってきますからね。

僕が提供する物件の入居者はみなさん、長期間根を下ろしてくれています。３年、

4年は当たり前で、空き家不動産投資を始めた7年前からずっと住み続けてくれている人も少なくありません。

では、なぜ長く住んでもらえるのでしょうか？　これには大きく2つの理由があると僕は考えています。

①家賃が格安

ひとつは、**物件の家賃が格段に安い**こと。

これまで何度も述べてきましたが、家賃は相場の半値や半値以下です。空き家不動産投資だからこそで、他の物件と比較になりません。

古くてボロいなど多少の難はあっても、一度激安の家賃を味わったら、退去の二文字は頭に浮かばないのでしょう。

加えて、**戸建てで十分な広さを備えているのも大きな魅力**になっています。戸建てはアパートよりマイホームの意識を強く感じますし、しかも広いとなれば、そこに落ち着くのは必然だと思います。

②リフォームフリー

もうひとつは、**リフォームフリーによる〝愛着効果〟**です。

第4章で説明したように、僕は入居者に「自由に物件をリフォームしてください！」と明言しています。

入居者は思い思いに手を入れ、物件を自分の色に染めていきます。そうすると自分の城として自然と愛着がわくもの。

結果、離れがたくなって長く住んでもらえるのです。

◎僕の物件&入居者データを公開！

読者のなかには、僕の物件にはどんな人たちが住んでいるのか知りたい人もたくさんいるでしょう。ここで、僕の物件の入居者データを紹介しましょう。

入居者の年齢、職業はともにさまざまです。

年齢は20代は少なめですが、30代から70代までまんべんなく広く分かれています。

職業はサラリーマン、大学教授、漫画家、芸術家、商売人、フリーターなどなど。京都の物件には、日本で働く外国人の入居者もいます。

世帯状況は単身者が全体の64%。男女別では男性が主で71%、女性が29%。

物件の所在地については、僕の地元である京都で空き家不動産投資をスタートしたことから、京都の物件の割合が67%と高くなっています。残りが大阪や兵庫などの物件です。

京都の物件の入居者は、関東から移住してきた人が多数います。京都は観光地として人気が高いため、移り住みたい人も多いのでしょう。

逆に、大阪や兵庫などの物件の入居者は、近隣地域から引っ越してきた人たちが中心です。

以上は僕の物件の入居者データですが、空き家不動産投資を実践する地域によって、入居者の傾向は変わってくると思います。

とはいえ、空き家不動産投資は、場所を選ばずどこでもできます。やり方次第で入居者を確保でき、長く住んでもらえます。

物件が都市部なら賃貸需要がより望め、家賃を高く設定できます。地方なら田舎暮らしなどを希望する都市部の層を取り込めます。

僕の物件データ＆入居者データ

物件データ

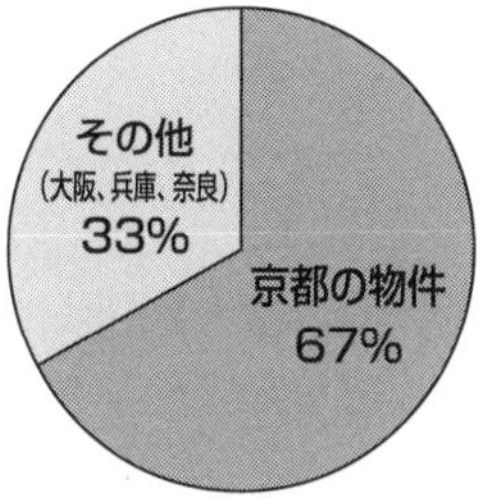

■京都の物件の特徴……ほとんどが京都以外（関東が多い）の人たちが住んでいる
■大阪の物件の特徴……主に近隣から引っ越してきた人たちで占める

入居者データ

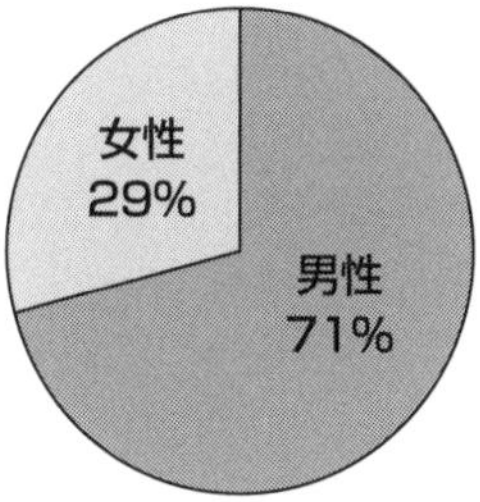

その他の特徴

■単身率………64%
■年代…………20代は少なめ。ほかは30・40・50・60・70代とまんべんなく入居
■外国人率……10%（京都限定の初期の頃は30%！）

※データは2015年3月末現在のもの

それぞれのメリットを頭に入れて、「空き家不動産投資」に取り組むのも成功の近道になると思います。

思い切って一歩を踏み出せば、世界が変わる！……エピローグ

◎今僕が住んでいる住まいも、実は元空き家物件です

最後まで読んでくださり、ありがとうございました。

「空き家不動産投資」の手法を初めて知った感想はいかがでしたでしょうか？　物件を所有せずに家賃収入を得るという新しいスタイルに、驚きを感じた人も多いと思います。

実は、僕が今住んでいる京都の自宅も、もともとは空き家でした。長年放置されていた戸建ての物件を、オーナーから月３万５０００円で借りています。

京都駅に近い好立地なので、周辺にある賃貸の戸建てを借りれば、10万円以上の家賃をとられるでしょう。それが３分の１程度ですむのですから、まさに破格の安

さです。

さらにいえば、僕は家賃を一切支払っていません。借りている戸建ては二階建てで、僕が一階に住んで、二階部分を3万5000円で人に貸しているからです。

そう。二階の住人の家賃でオーナーへの支払いができるので、僕は〝タダ〟で住めているというわけです。

これも空き家不動産投資のひとつのやり方といえます。

◎多額の借金をしアパート1棟買いして、本当に大丈夫ですか？

一般的な不動産投資と比べると、空き家不動産投資の手法はかなり異質です。本書を読んでやり方がわかったとはいえ、

「本当にできるの？」

「実際はハードルが高いのでは？」

といった思いを抱く人も多いでしょう。

でも僕からいわせたら、一般的な不動産投資のほうが、

「本当にできるの？」

思い切って一歩を踏み出せば、世界が変わる！

「実際はハードルが高く、しかも成功する確率が低いのでは？」

といった疑問を感じずにはいられません。

一般的な不動産投資は、自分もまとまった資金をもっていて、さらに金融機関から数千万円単位の融資を受けて、アパート1棟、もしくはワンルームマンションを買うのがスタンダードなやり方です。

借金のリスクを背負い、利回りはせいぜい10〜15％程度といった世界です。中古であればリフォームにもお金がかかります。空室リスクや資産価値の目減りリスクなどもつねにつきまといます。

しかも、同じ手法で多くの投資家たちが参入し、激しい競争にさらされるのはいうまでもありません。

はたしてそんな世界で、誰もがうまくいくのでしょうか？　そもそも、誰もが数千万円の融資を受けられるのでしょうか？

結局のところ、舞台に上がれるのは資金力がある人に限られ、その舞台でも熾烈《しれつ》な競争に勝てる人だけが成功を手にできるのです。

◎「空き家不動産投資」は、やる気と根性さえあれば誰でも成功できる！

でも、「空き家不動産投資」は違います。

資金力もいらず、特別な能力も必要ありません。ごく普通のサラリーマンはもちろん、フリーターや主婦の方でも実践できる手法です。

なおかつ、空き家不動産投資家の存在は今のところゼロに等しく、競合との争いに巻き込まれずにすみます。

物件を貸し出す際には、一般的な不動産投資家が競合相手になりますが、激安の家賃設定が可能ですから、入居者獲得の勝負に負けることはないでしょう。

そして、利回りは１００％を超えます。

空き家のオーナーを探して説得するなど多少の苦労はあるものの、その壁は越えられないレベルのものではありません。やる気と根性さえあれば、誰でも成功をつかめるのです。

◎自分で貸し出すことにはなぜか消極的な空き家オーナーたち

空き家は世にあふれているにもかかわらず、多くの人が空き家以外の不動産投資しか考えていませんよね。

空き家を活用する視点をもてば、多額の借金までして物件を購入するのが馬鹿馬鹿しくなるはずです。ほぼノーリスクで毎月家賃収入を得られるのに、なぜ空き家に注目しないのでしょうか？

僕はずっと不思議に思っていました。「みんな、空き家不動産投資をやればいいのに……」と。

「空き家はオーナーのもの。それを拝借して家賃収入を得るなんて……」

このような後ろめたさを感じる人がいるとしたら、それは大きな間違いです。

オーナーは空き家を放置しています。事情はいろいろあるにせよ、手放せずに困っています。

当然ながら、空き家からは1円の収入も得られず、それどころか税金を奪い取られる事態に陥っているのです。

本来なら、オーナー自身で空き家の問題を解決すべきでしょう。でも、その手段がわからず困っているわけです。

そこで、僕は交渉の際に「キレイに掃除してゴミを片付ければ、人に貸して収入を得られますよ！」と何度となく話してきました。

しかし、行動を起こしたオーナーはひとりもいませんでした。

「そんな簡単にはいかない」

「面倒だからやりたくない」

といった意見が多く、空き家の放置を選択して問題を先送りしています。

そこで、「僕にやらせてください！」となるのです。

空き家が再生され家賃収入を手にすると、オーナーはみんな喜びます。これまで〝負の遺産〟だった空き家がお金を生むように様変わりしたのですから、うれしいのは当然ですよね。

いかがですか？　空き家不動産投資に取り組むことに、あなたはまだ後ろめたさを感じますか？

◎法律制定でますます「空き家不動産投資」に追い風となる！

現在、空き家問題は社会問題にまで発展しています。国は増え続ける空き家をどうにかすべく、「空き家対策特別措置法」を制定しました。

２０１５年2月末からの施行後、地方自治体ごとの調査で「特定空き家」に認定されると、これまで更地の6分の1だった固定資産税の優遇措置がなくなるという新法です。

今のところ、何を基準に「特定空き家」とするかは定まっていませんが、空き家を放置してきたオーナーさんたちは戦々恐々としているでしょう。何しろ、固定資産税が一気に6倍に跳ね上がるわけですからね。

ただ、特定空き家の認定は、簡単に回避することができます。人が住んでいれば特定空き家の対象にはならず、したがって、固定資産税も従来どおり更地の6分の1ですむのです。

空き家不動産投資は、オーナーの空き家を人に貸す手助けをするモデルです。特定空き家を回避する意味でも、今後さらに、オーナーに歓迎されるようになると僕は考えています。

◎ノーリスクで家賃収入を得られ、しかも社会貢献にもなる！

いうまでもなく、不動産投資は資産運用のひとつの手段です。多くの人が毎月安定的に家賃収入を得て、資産を増やすことを望んでいます。

僕もそのひとりですが、空き家不動産投資は物件を所有するわけではないため、「資産ウン億円」というレベルにはとうてい到達できません。

それでも、借金なしで毎月安定的に家賃収入を手にし、実質的な実入りは、平均的なサラリーマンの年収を大きく上回ります。

それと同時に、空き家不動産投資は前述したように、オーナーを助けて空き家問題を解決することにもつながります。

家賃収入を得ながら社会貢献もできるという不動産投資スタイルは、空き家不動産投資以外にまずないでしょう。

◎不満や不安を感じるだけで何もしなければ、何も変わらない!

僕は、今後も「空き家不動産投資」をずっと続けていくつもりです。

そして、空き家不動産投資で経済的自由を謳歌《おうか》しつつ、その一方で、新たな挑戦もしようと思っています。

あなたも思い切って一歩を踏み出せば、世界が変わります。

不満や不安を感じるだけで何も行動を起こさなければ、現状は変わりようがありません。

今のままでいるのか、それとも行動を起こして現状を変えるのか……。どちらの道を選ぶのか、決めるのはあなた自身です！

２０１５年６月

村上祐章

[略歴]

村上祐章（むらかみ・ゆうしょう）

1977年京都府生まれ。大学卒業後は定職につかず、20代の頃は起業や株式投資などで大成功と大失敗を繰り返す。

30歳、友人の事業立ち上げを手伝い京都市内でチラシをポスティングしていたときに「空き家が多すぎる」ことを発見。「空き家を何とか有効活用できないか？」との思いで、廃墟不動産投資を考案。不動産投資と意識せず事業を少しずつ拡大。

2013年より「廃墟不動産投資家」と名乗り、ブログ（http://haikyo-fudousan-toushika.vet/）を開始。物件を買わず、借金をせずに、毎月家賃収入を100万円以上稼いでいることが珍しがられ、口コミでマニアックな不動産投資家として認識されはじめる。

2014年12月、都内で実施したセミナーが満席となるなど、一部の不動産投資家たちから熱狂的な人気を誇っている。

編集協力／相川強（Guidepost）
執筆協力／百瀬康司
装丁／大谷昌稔
組版・図版／小林みどり

常識破りの「空き家不動産」投資術

2015年6月16日　第1刷発行
2020年11月1日　第4刷発行

著　者　村上祐章
発行者　唐津 隆
発行所　株式会社ビジネス社
〒162-0805　東京都新宿区矢来町114番地 神楽坂高橋ビル5F
電話　03(5227)1602　FAX　03(5227)1603
http://www.business-sha.co.jp

〈印刷・製本〉中央精版印刷株式会社
〈編集担当〉本田朋子　〈営業担当〉山口健志

ISBN978-4-8284-1818-6